数学实践与应用

主　编　李俊玲　马　皓　邱　翔

副主编　许建强　秦　汉　陈　炼　周学勤

上海交通大学出版社
SHANGHAI JIAO TONG UNIVERSITY PRESS

内容提要

本书共分 8 章,内容涵盖了中学生在数学建模过程中采用的一些常用方法和常用模型,包括初等数学模型、线性规划、整数规划、微分方程、层次分析法、概率统计方法和学生范文选编等.

本书可作为中学生数学课外阅读书籍,也可以作为中学开展数学课外活动的资料.

图书在版编目(CIP)数据

数学实践与应用/ 李俊玲,马皓,邱翔主编. 一上海:上海交通大学出版社,2020(2021重印)
ISBN 978－7－313－23458－2

Ⅰ.①数… Ⅱ.①李… ②马… ③邱… Ⅲ.①中学数学课－课外读物 Ⅳ.①G634.603

中国版本图书馆 CIP 数据核字(2020)第 114818 号

数学实践与应用

SHUXUE SHIJIAN YU YINGYONG

主　　编:李俊玲　马　皓　邱　翔	
出版发行:上海交通大学出版社	地　　址:上海市番禺路 951 号
邮政编码:200030	电　　话:021-64071208
印　　制:苏州市古得堡数码印刷有限公司	经　　销:全国新华书店
开　　本:787 mm×1092 mm　1/16	印　　张:10
字　　数:227 千字	
版　　次:2020 年 8 月第 1 版	印　　次:2021 年 6 月第 2 次印刷
书　　号:ISBN 978－7－313－23458－2	
定　　价:49.00 元	

前　言

近年来,随着科学技术的发展和社会的进步,数学在实践问题中的应用不但在它的传统领域,如工业制造、天文学、农业、美术、计算机、建筑学等,发挥着越来越重要的作用,而且不断地向新的领域拓展,如生命科学、医学、金融、交通、人口、地质、社会科学、管理学、人工智能、融媒体等.此外,现代科学体系的建立和巨大进步也与数学密不可分,同时数学与其他学科领域的结合反过来也推动了数学学科自身的发展.如牛顿通过数学建模,建立了万有引力定律和运动定律,并与莱布尼茨一起发明了微积分,奠定了现代科学的基础;又如进化论和遗传学推动了数理统计学的建立;再如计算机科学引领着信息化和人工智能时代的到来,其中数学的作用不可或缺.近几十年来,数学分析和数学建模的应用已经拓展到生物学领域,生物数学、基因工程、系统生物学等的发展,导致生物科学的日益定量化,进而推动了现代医学的巨大进步.可以说,几乎在现代自然科学和社会科学的所有领域,都出现了应用数学实践和数学方法的趋势.

目前数学学科已经建立了非常完整的学科体系,特别是应用数学,其内涵已经从原来单纯的数学应用拓展到数学新模型、新方法、新算法、新体系的建立和完善.其中就包括现有数学方法在新领域中的应用、拓展和推广;已有数学方法发现新的自然现象;已有数学方法在应用过程中的改进和延伸;研究新的科学问题需要发明新的数学方法进行分析和建模;科学的发展使得现有问题对数学方法和数学算法提出了更高要求等.因此,可以说现实世界就是数学发展的源泉,数学不但是一个解决问题的工具,而且已成为时代文化的一个重要组成部分.一些数学概念、语言已渗透到日常生活中,一些数学原理已成为人们的必备知识.如面积、体积、对称、百分数、平均数、比例、角度等已成为社会生活中的常见名词;像人口增长率、生产统计图、股票趋势图等统计术语也不断出现在报刊、电视等大众信息传播媒介中;储蓄、债券、保险、面积、体积计算(估算)、购物决策等都成为人们难以回避的现实问题.而这些问题本身的研究同时也对应用数学提出了更高的要求,促进了应用数学学科体系的发展.

数学实践是结合学生有关数学方面的知识背景和生活经验,引导学生以自主探索与合作交流的方式开展的形式多样、丰富多彩的学习活动.实际问题往往不是以现成的数学问题形式出现的,这时要用数学方法去解决它,关键的一步是用数学的语言和符号表述所研究的对象,即建立数学模型,这个过程简称数学建模.在此基础上才有可能利用数学的理论和方法进行深入的研究,从而为解决现实问题提供定量的结果或有价值的指导.因此数学建模的方法对于数学的实践和应用非常重要.

为完善科学创新实践育人模式,提高青少年科学创新精神与实践能力,深入推进高中生综合素质评价工作的开展,上海市教育委员会、上海市科学技术委员会联合沪上二十余所高校和研究所共同创建了 20 余家青少年科学创新实践工作站.这些工作站是面向全科性设置的,全市只有两家数学学科方向的工作站,上海应用技术大学在数学学科方向成功入选.上海市青少年科学创新实践工作站遵循青少年成长需求、认知特点和创新实践的教育规律,以实践工作站为载体,整合利用高校、科研院所、社区等多方资源,校内外联合、跨界联动,培育学生创新精神、拓展学生创新思维、夯实学生创新知识、强化学生创新行动,为上海建设具有全球影响力的科技创新中心,继续当好改革开放排头兵和科学发展的先行者奠定坚实的人才基础.我校数学专业,具备创新创意教育的教学资源,以培养青少年良好的数学素养为目标,以学生接受高质量应用数学体系教学为根本任务,让学生在跨入大学前掌握一定的应用数学和编程的能力.充分发挥学生的主体地位,引导学生通过系统的数学建模方法进行深层次的探索研究学习;充分发挥学生的学习潜能,培养学生运用数学方法解决实际问题的能力.希望高中生在跨入大学之前通过数学实践为他们打开一扇通往应用数学研究的窗户,搭建一个与大学数学专业老师、喜欢数学的同龄朋友一起互相沟通学习的平台,点燃他们创造性思维和数学理念碰撞的火花.实践工作站也为大学教师参与高中教学提供了良好的沟通交流平台,不仅包括与中学生的沟通交流,也包括与中学教师的沟通交流,特别是与嘉定一中的老师之间的合作交流.嘉定一中是上海市教委数学实践创新工作站(由上海应用技术大学理学院负责)合作的实践点,他们在中学生学科竞赛中积累了丰富的经验,并取得了突出的成绩.这种来自不同领域、不同理念的碰撞,对于缩小中学的强化教学模式与大学的兴趣导向教学模式和创新性自主学习模式之间的差距,是一个非常有意义和有价值的尝试.

在建设数学实践工作站以来,经过几年的积累,特别是对数学建模知识体系的优化和应用创新案例的收集,结合高中生的知识层次需求,我校组织编写了本书,旨在用深入浅出的方法引导学生建立实际问题的数学模型,进而指导学生借助数学软件等方式来求解相应的数学问题.本书系统地介绍了数学建模的常用模型和求解方法,结合典型实例阐述了数学建模解决实际问题的基本过程,绝大多数例题都附有完整的数学软件求解程序,以便大家能快速掌握相关问题的计算与编程.本书还摘选了近几年实践工作站的部分优秀学生的报告和几篇嘉定一中的学生参赛论文(部分案例获国家、市级奖项),从中不难发现,我们的学生已经开始思考如何运用数学知识创新性地解决实际问题.他们关心时事,与时俱进,尝试着解决非常具有时代性的问题,如垃圾分类问题、二胎政策问题、地球承载能力等.他们的想法或许稍显稚嫩,但在整个实践创新的过程中,我们欣喜地看到他们勤奋认真的学习态度和活跃创新的数学思维,相信他们一定会拥有美好的未来!

在本书的编写过程中,欧特克(中国)软件研发有限公司的李石先生对程序实现部分给出了许多很有价值的修改建议,在此致以衷心感谢!

本书的编写和出版得到了上海市教委实践工作站的资助和大力支持,同时也得到了上海应用技术大学理学院、上海市嘉定一中和上海交通大学出版社的大力支持,在此对他们表示衷心的感谢!

由于时间限制,书中若存在不足和错误,恳请读者批评指正.

编者　上海应用技术大学
2020 年 1 月

目　录

第 8 章　学生范文选编　　131

参考文献　　149

第1章
数学实践与应用概述

20世纪以来,科学技术得到了飞速的发展,数学在这个发展过程中发挥着它不可替代的作用,同时也得到了空前的发展.由于计算机的迅速发展和普及,大大增强了数学解决实际问题的能力,数学向社会、经济和自然界的各个领域渗透,扩展了数学与实际的接触面.数学科学应用于经济建设、社会发展和日常生活的范围和方式也发生了深刻的变化.

1.1　为什么要进行数学实践

在当今的知识经济时代,数学正从幕后走到台前,数学和计算机技术的结合使得数学在许多方面能够直接为社会创造价值,同时,也为数学的发展开拓了广阔的前景.我们的数学教育在很长的一段时间内对数学与实际、数学与其他学科的联系未能给予充分的重视.因此,高中数学在数学应用和联系实际方面需要大力加强.近几年来,我国大学、中学的数学实践活动表明,开展数学应用的教学活动符合社会需要,有利于激发学生学习数学的兴趣;有利于增强学生的应用意识;有利于扩展学生的视野.高中生应开展数学实践与应用的学习活动,设立体现数学某些重要应用的专题课程,力求使学生体验到数学在解决实际问题中的作用,数学与日常生活及其他学科的联系,促进学生逐步形成和发展数学的应用意识,提高实践能力.

素质教育的核心是对创新精神与实践能力的培养,解决问题将直接促进学生创新意识与实践能力的提高.这里的问题,大多数来自实际,或是具有实际背景的数学问题.数学实践就是要用数学知识研究和解决实际问题.然而在实际中,能够直接应用数学方法解决实际问题的情形是很少见的.也就是说,实际问题很少以数学的形式出现在我们面前,而且使用数学语言来描述所面临的实际问题往往也不是轻而易举的.应用数学知识解决实际问题的第一步必须要面对实际问题中看起来杂乱无章的现象,并从中抽象出恰当的数学关系,也就是组建这个问题的数学模型.这个组建过程不仅要进行演绎推理,而且还要对复杂的现实进行总结、归纳和提炼,这是一个归纳总结和演绎推理相结合的过程.可以设想,在描述人口增长时,如果把年龄、性别、健康、疾病、死亡、择偶、婚配、生育以及社会、灾害、战争等因素都容纳进去,即使用现代的数学工具恐怕也很难进行分析和研究.因此,在实践中,必须要对现实问题进行去粗取精、去伪存真的归纳加工.数学实践的结果必须接受实践的检验,因为实践的目的是研究和解决实际问题,经检验被认为是可以接受的模型才能付诸分析和使用.

数学实践与应用是使用数学解决实际问题的桥梁,它能促进学生思维能力及解决问题能力的培养.传统的数学教学总给人这样一种印象:似乎数学的研究内容仅仅是从公理、公式、定义出发进行逻辑推理,而数学实践恢复了数学研究收集数据、建立模型、求取答案、解释验证的本来面目.因此,凡进行过数学实践的学生都认为它不是一门传统的数学课程,它会让学生耳目一新,其对学生能力的培养是前所未有的.

1.2 数学建模与数学应用题

进行数学实践的目的在于通过渗透数学建模思想,使学生参与学数学、做数学、用数学的过程.然而,有的学生将数学建模与应用题解答混为一谈,以为解答应用题就是数学建模.其实应用数学理论求解实际问题与求解数学应用题是有很大差别的.我们通常做的应用题,大多数已经不是直接来自实际生活,而是经过一定程度的数学建模加工得到的成品或半成品,问题的提法已经相当理想化、数学化.传统的数学应用题往往有这样的特点:条件清楚准确、不多不少,结论唯一确定,原始问题数学化的过程简单、清楚明了,解出的结论也很少需要学生再思考是否符合实际,是否需要进一步调整和修改已有的模型.而在数学实践中,数学建模过程的难点和重点正在于此.

例 1.1 (客房的定价问题)

某星级旅馆有 150 间客房.经过一段时间的经营,旅馆经理得到了一组数据:如果每间客房定价 160 元,入住率为 55%;每间客房定价 140 元,入住率为 65%;每间客房定价 120 元,入住率为 75%;每间客房定价 100 元,入住率为 85%.欲使每天的收入最高,每间客房应如何定价?

这是一个简单的数学建模问题,以此为例说明其全过程.

1. 模型假设

(1) 每间客房的最高定价为 160 元.

(2) 根据经理提供的数据,设随着房价的下降,入住率呈线性增长.

(3) 设旅馆每间客房定价相等.

2. 模型建立

设 y 表示旅馆一天的总收入,与 160 元相比每间客房降低的房价为 x 元.由模型假设(2)可得,每降低 1 元房价,入住率增加 $0.1/20 = 0.005$,因此

$$y = 150(160 - x)(0.55 + 0.005x).$$

由于 $0.55 + 0.005x \leqslant 1$,可知 $0 \leqslant x \leqslant 90$. 于是问题就是:当 $0 \leqslant x \leqslant 90$ 时,y 的最大值点是多少?

3. 模型求解

这是一个一元二次函数求最大值点的问题,易求得当 $x = 25$ 时,y 取最大值,即住房

定价为 135 元时,相应的入住率为 67.5%,收入最大为 13 668.75 元.

4. 模型讨论

(1) 易验证此收入是已知各种定价对应收入中最大的,如果为了便于管理,每间定价 140 元也是可以的,此时与最高收入仅差 18.75 元.

(2) 如果每间定价为 180 元,入住率应为 45%,其相应收入只有 12 150 元.因此该模型假设是合理的.这是因为该二次函数在 $0 \leqslant x \leqslant 90$ 之内只有一个极大值点 25.

从例 1.1 可以看出,虽然数学建模与数学应用题都是为了培养学生解决问题的能力,然而两者有着层次上的差别,存在着质的差异,主要体现在四个方面:一是问题给出的条件的充分程度.一般的应用题是实际问题的提炼,给出的条件都是充分的,而数学建模问题直接来源于实际,条件往往是不充分的.二是问题解决过程中是否需要假设.应用题不需要假设,数学建模的过程中,为了使原实际问题更明确,简化假设往往是必须的.三是问题的讨论与验证复杂程度不同.应用题的结论一般不需要附加额外的讨论和验证,而数学建模不仅要验证结论是否符合题意,还要考虑是否与假设矛盾,与实际情况是否吻合等.四是问题解决的表达形式不同.应用题只要求写出答案,而数学建模一般要写成小报告或小论文.

1.3　数学建模的一般步骤

数学实践过程中建立数学模型就是对实际问题的一种数学表述,是针对或参照某种问题(事件或系统)的特征和数量相依关系,采用形式化语言,概括或近似表达出来的数学结构.数学模型常常能帮助我们更好地了解一种行为或规划未来.通俗地说,数学实践,就是利用数学知识和方法建立数学模型解决实际问题的过程,它的思维方法如图 1-1 所示.

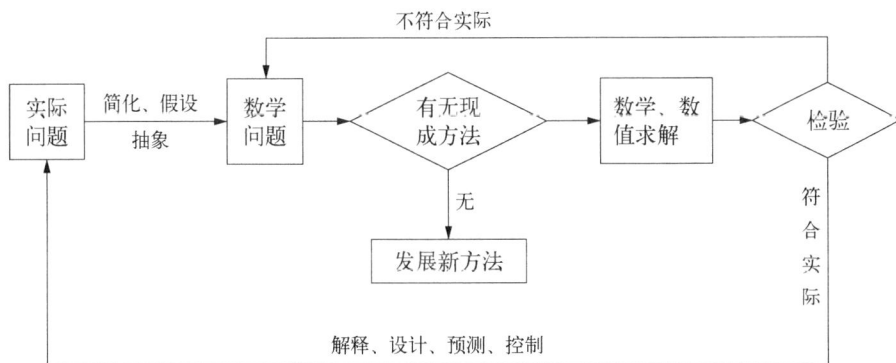

图 1-1　数学建模解决实际问题的流程

数学建模是指根据具体问题,在一定的假设下找出解决这个问题的数学框架,求出模型的解,并对它进行验证的全过程.数学建模是一个迭代的过程.每次迭代包括建模准备、简化假设、明确变量与参数、形成数学框架、用解析法或数值法求出模型的解,对求解的结果进行解释分析与验证.如其符合实际,可交付使用;如其与实际不符,需对假设做出修改,进入下一个迭代,即:准备→假设→建模→求解→分析→检验→应用.

对数学实践中建立数学模型的一般过程,做如下总结:

(1)读懂问题.首先必须了解问题的客观实际背景,对解决的问题有一个比较清晰、全面和深入的认识和理解.明确问题的目标,确定问题要达到的主要目的,明确要解决什么问题,问题的重点和难点在哪里,把握所涉及的信息资料和数据,形成一个比较清晰的数学问题.

(2)找准要素.我们知道,所有问题的产生都有背景,这些背景都有要素的支撑和影响.因此,要解决好问题,就必须找准影响、支撑问题的要素.另外,这些要素也可能不是唯一的,在这些要素中,有起决定性作用的,有处于次要地位.要素找准了,决定性要素确定了,解决问题的思路也就基本清晰了.

(3)查阅资料.在对问题有充分认识和理解的基础上,有的放矢地收集、查阅一些与问题相关的资料,收集一些相关数据,特别是认真研究几篇与问题高度相关的文献.通过对关键文献的阅读,对已有的历史数据资料的研究,确定解决问题的基本思路.

(4)确定方法.问题清晰了,资料完备了,要素找准了,文献读明白了,自然就会有解决问题的基本数学思想和方法.需要注意的是,解决方法不是唯一的,同样一个实际问题可以用不同的数学方法求解.

(5)简化假设.由于实际问题的复杂性,建立数学模型不可能将影响问题的所有要素都考虑进去,在建模过程中应当循序渐进,从最简单的情况入手,逐步近似、逼近实际情形.在充分利用全部各种已知条件的基础上,对实际问题进行简化,并做出一些合理的假设.如何对问题进行简化是一个十分困难的过程,很难给出一般的原则或方法,只能具体问题具体分析.需要注意的是,做出的假设不能违背科学常识、生活常识、社会常识.

(6)建立模型.实际问题经过简化和假设后,根据抽取出来的主要核心要素之间服从的数学定理、数学公式、物理规律或基本原则,利用数学语言或术语加以刻画或量化,建立实际问题的数学结构,得到实际问题的数学模型.

(7)求解分析.模型求解应熟练掌握求解需要的数学知识和方法,力求简单问题普遍化,复杂问题程序化.对于复杂问题可先考虑特殊情形,在此基础上逐步考虑复杂的问题.

(8)检验和改进.通过合适的方式对所建立的数学模型进行检验和评价,使模型能够尽可能地反映实际问题、解决实际问题.在检验中不断修正,逐步趋于完善.建模的过程实际上就是一个建模、检验、评价、再建模、再检验、再评价的过程,直到建立的模型能够较好地解决实际问题,达到刻画实际问题、解释实际问题的目的.

1.3.1 数学模型的分类

广义地说,一切数学概念、数学理论体系、方程式和算法系统都称为数学模型,各种数学分支也都可视为数学模型.狭义的数学模型包含以下三种说法:

(1)数学模型是指解决实际问题时所用的一种数学框架.

(2)数学模型是指对于现实世界的一个特定对象,为了一个特定目的,根据其特有的内在规律做出一些必要的简化假设,并运用适当的数学工具得到的一个数学结构.

（3）数学模型不同于一般的模型,它是用数学语言模拟现实的一种模型,即把一个实际问题中某些事物的主要特征、主要关系抽象成数学语言,近似地反映客观事物的内在联系与变化过程.

按照不同的分类标准,数学模型有如下分类:

（1）按模型的应用领域分为:人口模型、交通模型、环境模型、生态模型、水资源模型、城市规划模型、生产过程模型等.

（2）按建立模型所采用的方法分为:初等数学模型、几何模型、微分方程模型、图论模型、马氏链模型、规划论模型等.

（3）按模型的特性分为:确定性模型和随机性模型、静态模型和动态模型、离散模型和连续模型等.

（4）按建模的目的分为:描述模型、仿真模型、预报模型、优化模型、决策模型、控制模型等.同一个对象,由于建模目的的不同,可以有不同的模型.

（5）按对模型结构和参数的了解程度分为:白箱模型（模型结构和参数都是已知的）、灰箱模型（模型结构已知,但参数未知）、黑箱模型（模型结构和参数均未知）.

1.3.2　数学建模的一般方法

建立数学模型的方法并没有固定的模式,但一个理想的模型要求其具有一定的可靠性和较好的适用性.数学建模的常用方法主要有机理分析法和测试分析法.

1. 机理分析法

机理分析法就是根据对现实对象特性的认识,分析其因果关系,找出反映内部机理的规律,所建立的模型通常具有明确的物理或现实意义.机理分析法主要包括以下几种方法:

（1）比例分析法:建立变量之间函数关系最基本、最常用的方法.

（2）代数方法:求解离散问题（离散的数据、符号等）的主要方法.

（3）逻辑方法:数学理论研究的一种重要方法,针对社会学和经济学领域的实际问题,在决策论、对策论等学科中有广泛应用.

（4）常微分方程:研究两个变量之间的变化规律,关键是建立瞬时变化率的表达式.

2. 测试分析法

测试分析法就是将研究对象视为一个黑箱系统,其内部机理无法直接寻求,通过测量系统的输入输出数据,并以此为基础运用统计分析方法,按照事先确定的准则在某一类模型中选出一个数据拟合得最好的模型.测试分析主要包含以下两种方法:

（1）回归分析法:根据函数的一组观察值来确定函数表达式,由于处理的是独立数据,故称为数理统计方法.

（2）时序分析法:处理的是动态的相关数据,又称为过程统计方法.

将这两种方法结合起来使用,即用机理分析法建立模型的结构,再用测试分析法来确定模型的参数,也是常用的建模方法.在实际过程中采用哪一种方法建模主要根据对研究对象的了解程度和建模目的来决定.

1.4 简单例子

1.4.1 生猪的最佳出售时间问题

例 1.2 一饲养场每天投入 10 元资金用于饲料、设备、人力,估计可使一头 80 kg 重的生猪每天增加 2 kg.已知生猪出售的市场价格为 20 元/kg,但是预测每天会降低 0.25 元,问该饲养场应该什么时候出售生猪? 如果上面的估计和预测有变化,对结果有多大影响?

1. 问题分析

投入资金可使生猪体重随时间增长,但售价(单价)随时间减少,应该存在一个最佳的出售时机,使获得利润最大,这是一个优化问题.

2. 模型假设

(1) 每天投入 10 元资金使生猪体重每天增加常数 r kg($r=2$).

(2) 生猪出售的市场价格每天降低常数 g 元($g=0.25$).

3. 符号表示和模型建立

给出以下记号:从现在到出售经历的时间为 t(d),生猪重量为 w(kg),猪的市场价格为 p(元/kg),售出生猪所得收入为 R(元),t 天内饲养猪投入的资金为 C(元),最终获得的纯利润为 Q(元).

按照假设,$w=80+rt$,$p=20-gt$.又已知 $R=pw$,$C=10t$,再考虑到纯利润应扣掉以当前价格(20 元/kg)出售 80 kg 生猪的收入,即 $Q=R-C-20\times80$,得目标函数(纯利润)为

$$Q(t)=(20-gt)(80+rt)-10t-1\,600. \tag{1.1}$$

式(1.1)中 $r=2$,$g=0.25$,求 $t(\geqslant 0)$ 使 $Q(t)$ 最大.

4. 模型求解

这是求一元二次函数的最大值问题,用代数或微分法容易得到

$$t_{\max}=\frac{10r-40g-5}{rg}. \tag{1.2}$$

当 $r=2$,$g=0.25$ 时,$t_{\max}=10$,$Q_{\max}(10)=50$,即 10 天后出售,可得最大纯利润 50 元.

5. 敏感性分析

由于模型假设中的参数(生猪每天体重的增加 r 和价格的降低 g)是估计和预测的,所以应该研究它们有所变化时对模型结果的影响.

(1) 设每天生猪价格的降低 $g=0.25$ 元不变,前面考虑的是 r 为 2 kg,现在假设 r 的实际值是不同的,表 1-1 给出了对几个不同的 r 值求出的计算结果.图 1-2 是两者的曲线图,可以看出售猪的最优时间 t 对参数 r 是敏感的.

表 1 - 1　最佳出售时间 t 关于猪的生长率 r 的灵敏性

r/kg	1.5	1.6	1.7	1.8	1.9	2.0	2.1	2.2
t/d	0	2.5	4.7	6.7	8.4	10.0	11.4	12.7
r/kg	2.3	2.4	2.5	2.6	2.7	2.8	2.9	3.0
t/d	13.9	15.0	16.0	16.9	17.8	18.6	19.3	20.0

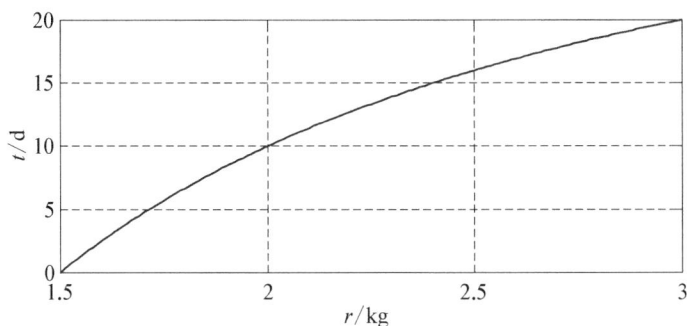

图 1 - 2　最佳出售时间 t 关于猪的生长率 r 的曲线

对灵敏性更系统的分析是将 r 作为参数,给出最优出售时间 t 和 r 的函数关系,由式(1.2)可得,当 $g = 0.25$ 时:

$$t_{\max} = \frac{40r - 60}{r}, \quad r \geqslant 1.5. \tag{1.3}$$

此时 t 是 r 的增函数.若 $r < 1.5$,最佳的售猪时间为 $t_{\max} = 0$,即马上出售.

(2) 设每天生猪体重的增加 $r = 2\,\text{kg}$ 不变,研究 g 变化的影响,现在假设 g 的实际值是不同的,表 1 - 2 给出了对几个不同的 g 值求出的计算结果.图 1 - 3 是根据这些数据绘制成的曲线图,可以看出售猪的最优时间 t 对参数 g 是很敏感的.

表 1 - 2　最佳出售时间 t 关于价格的下降率 g 的灵敏性

g/元	4/32	5/32	6/32	7/32	8/32	9/32	10/32	11/32	12/32
t/d	40.0	28.0	20.0	14.3	10.0	6.7	4.0	1.8	0

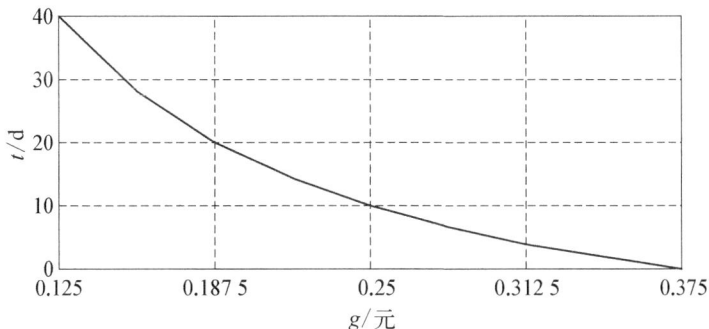

图 1 - 3　最佳出售时间 t 关于生猪的价格下降率 g 的曲线

一般地,可给出最优出售时间 t 和 g 的函数关系,令 $r=2$,由式(1.2)可得

$$t_{\max}=\frac{15-40g}{2g}, \quad 0\leqslant g\leqslant 0.375. \tag{1.4}$$

式中,t 是 g 的减函数.

将灵敏性数据表示成相对改变量或百分比改变的形式,要比表示成绝对改变量的形式更实用.如果 t 的改变量为 Δt,则 t 的相对改变量为 $\Delta t/t$.如果 r 改变了 Δr,导致 t 有 Δt 的改变量,则相对改变量的比值为 $\Delta t/t$ 与 $\Delta r/r$ 的比值.令 $\Delta r\to 0$,按照导数的定义,有

$$\frac{\Delta t/t}{\Delta r/r}\to\frac{\mathrm{d}t}{\mathrm{d}r}\cdot\frac{r}{t},$$

称这个极限值为 t 对 r 的灵敏性,记为 $S(t,r)$.由式(1.3),当 $r=2$ 时,可得

$$S(t,r)=\frac{60}{40r-60}=3,$$

即生猪每天重量 r 增加 1%,出售时间推迟 3%.

类似地可定义 t 对 g 的敏感度 $S(t,g)$,由式(1.4),当 $g=0.25$ 时,可求得

$$S(t,g)=\frac{\mathrm{d}t}{\mathrm{d}g}\cdot\frac{g}{t}=\frac{-15}{15-40g}=-3,$$

即生猪价格每天的降低值 g 增加 1%,出售时间提前 3%.

6. 强健性(robustness)分析

一个数学模型称为强健的,是指即使这个模型不完全精确,由其导出的结果也是正确的,又称为鲁棒性.在实际问题中,我们不会有绝对准确的信息,在建模过程中我们可能采用了简单的或易于处理的近似方法.因此,在数学建模问题中关于稳健性的研究是很有必要的.在数学建模过程中,出于数学处理的方便和简化的目的,常常要做一些假设,我们有责任考察这些假设是否太特殊,以致使建模过程的结果变得无效.

在建立生猪最佳出售时间的模型中,假设生猪重量的增加和价格的降低都是常数,由此得到的 w 和 p 都是线性函数,这无疑是对现实情况的简化.更实际的模型应考虑非线性和不确定性,若记 $w=w(t)$,$p=p(t)$,则式(1.1)应为

$$Q(t)=p(t)w(t)-10t-1\,600. \tag{1.5}$$

用微分法求解式(1.5)的极值问题,可知最优解应满足

$$p'(t)w(t)+p(t)w'(t)=10. \tag{1.6}$$

式(1.6)左端是每天利润的增值,右端是每天投入的资金.从模型可知,只要生猪出售价比饲养费用增长快,就应暂不售出,继续饲养.于是出售的最佳时机是保留生猪直到利润的增值等于每天投入的资金为止.本例中 $p'=-0.25$,$w'=2$ 是根据估计和预测确定的,只要它们变化不大,上述结论就是可用的.

另外,从敏感性分析可知,$S(t,r)=3$,所以若$1.8\leqslant w'\leqslant 2.2$(10% 以内),则结果应为$7\leqslant t_{\max}\leqslant 13$(30% 以内). 若设$p'=-0.25$是最坏的情况,如果这个(绝对)值更小,$t$就应更大. 所以最好的办法是过大约一周后重新估计$p$,$p'$,$w$,$w'$,再进行计算.

这个问题本身及其建模过程都非常简单,这里着重介绍的是它的敏感性分析和强健性分析,这种分析对于一个模型(特别是优化模型)是否真的能用,或者用的效果如何,是很重要的.

1.4.2　椅子放稳问题

例 1.3　在日常生活里,将一只四条腿一样长的正方形椅子放在不平的地面上,其中三条腿同时着地(不在同一条直线上的三点确定一个平面),如果第四条腿不着地,椅子未放稳,问能否稍做挪动,使四条腿同时着地(即椅子放稳)?

1. 问题分析

问题的目标是放稳,放稳可以用各脚离地面的高度为零这一数量指标来表示.

2. 模型假设

(1) 假设椅子的四条腿一样长,椅子腿与地面接触处视为一个点.

(2) 地面高度是连续变化的,无断裂.

(3) 对椅子腿的间距和椅子腿的高度而言,地面是相对平坦的,因而能使椅子在任何位置上呈三条腿同时着地.

3. 符号设计及模型建立

将椅子放到直角坐标平面上,点A、B、C、D为四条腿与地平面的接触点,连接后构成正方形,是一个中心对称图形,如图 1-4 所示."稍做挪动"可以假设椅子中心点O不变,仅做旋转,用转动角度的不同来描述椅子的不同位置.图 1-4 表示椅子绕中心逆时针旋转θ角.

如何度量椅子脚着地与否? 用椅子脚与地面的距离来度量,距离为零表示椅子脚着地.所以椅子放稳,就可以表示为四个椅子脚与地面的距离为零.注意到图形$ABCD$中心对称,可以用两对角的椅脚与地面的距离之和来考虑,引入符号$f(\theta)$、$g(\theta)$分别

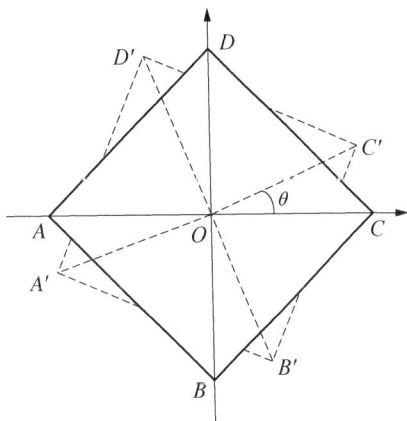

图 1-4　椅子放稳问题

表示A、C和B、D两脚离地面的距离之和.注意到,在任何情况下,总有三只脚能同时着地,且这三只脚中总有两只脚处在对角位置上,于是有

$$f(\theta)g(\theta)=0,\ \forall\theta.$$

有了这些记号,椅子能放稳即可表达为存在一个方位$\theta=\xi$,使得$f(\xi)=g(\xi)=0$. 这样就得到了椅子放稳问题的数学模型.

已知:$f(\theta)$、$g(\theta)$非负连续,且有

$$f(\theta)g(\theta)=0,\ \forall\theta.$$

求证：存在 ξ 使得 $f(\xi)=g(\xi)=0$.

4. 模型求解

为确定起见，不妨设 $g(0)=0$，此时若 $f(0)=0$，取 $\xi=0$ 即可.因此只需考虑 $f(0)>0$ 即可，构造函数 $h(\theta)=f(\theta)-g(\theta)$，由 $f(\theta)$ 和 $g(\theta)$ 连续性可知，$h(\theta)$ 是连续函数且

$$h(0)=f(0)-g(0)=f(0)>0, \tag{1.7}$$

将椅子绕中心逆时针旋转 $\pi/2$ 后，对角线 AC 和 BD 互换，$f(\pi/2)=g(0)=0$ 及 $g(\pi/2)=f(0)>0$，于是

$$h(\pi/2)=f(\pi/2)-g(\pi/2)=g(0)-f(0)=-f(0)<0. \tag{1.8}$$

综合式(1.7)和式(1.8)，可见 $h(\theta)$ 在 $[0,\pi/2]$ 满足零点定理的全部条件.于是，存在 $\xi\in[0,\pi/2]$ 使 $h(\xi)=f(\xi)-g(\xi)=0$，即 $f(\xi)=g(\xi)$，又 $f(\xi)g(\xi)=0$，故必存在 $\xi\in[0,\pi/2]$ 使 $f(\xi)=g(\xi)=0$，即椅子放稳了.

通过这个例子可见，数学建模是联系数学知识和实际问题的桥梁.通过学习数学建模，可以培养对事物敏锐的洞察力，善于发现问题，提出问题；通过学习建模，可以学会收集数据、分析数据，从中探索事物的数量规律；通过学习建模，可以提高综合的科学思维能力，学会把有关学科，如物理、化学、生物等学科的知识和数学知识结合起来，融会贯通，互相促进；通过学习建模，还可以提高实际应用计算机的能力，特别是提高编程和科学计算的能力.

1.5 实践报告(论文)的一般形式

数学实践最后以报告的形式呈现，因此实践报告的撰写是数学实践的重要环节.实践报告是对问题的分析、简化假设、建模、求解分析、检验改进等方面的成果用文字表述，也是对问题的研究与总结.

实践报告一般包括题目、摘要(含关键词)、问题分析、模型假设、模型建立、模型求解、模型分析与检验、模型推广与改进、参考文献和附录等内容.

1. 题目

一般而言，论文的题目一定要准确恰当、简明精炼、高度概括，在整篇报告中题目应起到画龙点睛的作用，让人一看就能明白论文的主旨.

2. 摘要

摘要在整个报告中占有极其重要的位置，它是把文章的内容用高度精练的语言加以总结.摘要用词要准确，意思要明确，应当说明以下问题：

(1) 本文要干什么？涉及的问题是什么？

(2) 研究的问题如何用数学解决？解决问题的数学方法或算法是什么？

(3) 建立模型的特点是什么？得到的主要结果是什么？结果的优点是什么？

(4) 研究结果的意义如何？

如果论文中有独特巧妙的建模方法或有值得说明的创新想法,也应该在摘要中体现出来.

3. 问题分析

问题分析是针对所研究的问题,根据自己的理解和分析,将其背景、目的和意义以及采用的数学方法,利用数学语言描述出来.

4. 模型假设

模型假设是在建立模型时用到的条件,是在问题分析的基础上对其做出的合理简化,无关的假设不要写进论文.

数学模型离不开符号和变量,常规的处理方式一般有两种:一是把"符号与说明"集中放在前面,含义解释要准确、清楚,正文中出现不再一一说明;二是在初次出现的地方予以注明、解释.不论哪种方式,在全文中,一个符号、变量只能表示一个意义,不允许赋予不同的含义.

5. 模型建立

在假设的基础上,根据问题特点,利用适当的数学工具来刻画各变量之间的数学关系,建立相应的数学模型.注意数学语言简洁、明了,各变量之间的逻辑关系分析透彻、表述清楚.

6. 模型求解

利用所给或收集的数据资料,对建立的模型进行求解,得出结果,这一过程通常借助于数学软件编程求解.综合类数学软件 MATLAB 最为常用,简单的数据处理可以借助 EXCEL 来实现,数据统计分析问题可以用 SAS 或 SPSS 处理,解决运筹优化问题最常用 LINGO.在撰写报告时,应先阐述算法的原理和实现过程再提供程序.对运行结果的恰当截图是必需的,包括结果表格或生成的图形等.

7. 模型分析与检验

对求解结果进行数学上的分析,如结果的误差分析,模型对数据的灵敏性分析等.建立数学模型就是为了解决实际问题,如果所得结果与实际问题相符,表明所建模型经检验是可行的.反之就不能直接应用于解决实际问题,需要修改假设,再次进行建模.

8. 模型推广与改进

模型推广可以简述模型在其他方面的应用情况,重点写模型在什么方面可以改进.例如,可以把假设条件适当放宽,也可以是对算法的改进等.

9. 参考文献及附录

论文中引用到的任何参考资料,用到他人的想法、结论或模型,都需要在参考文献中标记.参考文献按照要求格式提供.

附录不是论文必要的组成部分,它是正文的补充,一些不是特别重要的程序或者某个定理的证明,包括建模过程中用到的数据、求解模型的程序代码以及一些重要的中间结果,都可以放在附录里面,并在正文中相应处说明.

第2章
初等数学模型

现实世界中有很多问题,它们的机理较简单,用静态、线性或逻辑的方法即可建立模型,使用初等的数学方法即可求解,我们称之为初等数学模型.本章主要介绍状态转移、比例关系等建模实例,这些问题巧妙的分析处理方法,可使读者拓展思路,举一反三,提高分析、解决实际问题的能力.

2.1 状态转移问题

本节介绍两种状态转移问题,解决这种问题的方法有状态转移法、图解法及图的邻接矩阵等.

2.1.1 人、狗、鸡、米问题

例 2.1 人、狗、鸡、米均要过河,船上除 1 人划船外,最多还能运载一物,而人不在场时,狗要吃鸡,鸡要吃米,问人、狗、鸡、米应如何过河?

分析:假设人、狗、鸡、米要从河的南岸到河的北岸,由题意,在过河的过程中,两岸的状态要满足一定条件,所以该问题为有条件的状态转移问题.

1. 允许状态集合

我们用 (w, x, y, z) 表示状态向量,其中 $w, x, y, z = 0$ 或 1 表示人、狗、鸡、米是否在南岸的状态,如 $(1, 1, 1, 1)$ 表示它们都在南岸,$(0, 1, 1, 0)$ 表示狗、鸡在南岸,人、米在北岸.很显然有些状态是允许的,有些状态是不允许的,用穷举法可列出 10 个允许的状态向量:

$$(1, 1, 1, 1); (1, 1, 1, 0); (1, 1, 0, 1); (1, 0, 1, 1); (1, 0, 1, 0);$$
$$(0, 0, 0, 0); (0, 0, 0, 1); (0, 0, 1, 0); (0, 1, 0, 0); (0, 1, 0, 1).$$

我们将上述 10 个可取的状态向量组成的集合记为 S,称 S 为允许状态集合.

2. 状态转移方程

对于一次过河,可以看成一次状态转移,我们用向量来表示决策,例 $(1, 0, 0, 1)$ 表示人、米过河.令 D 为允许决策集合,

$$D = \{(1, x, y, z), x + y + z = 0 \text{ 或 } 1\}.$$

另外,注意到过河有两种,奇数次的为从南岸到北岸,而偶数次的为北岸回到南岸,因此得到下述转移方程

$$S_{k+1} = S_k + (-1)^k d_k. \tag{2.1}$$

式(2.1)中 $S_k = (w_k, x_k, y_k, z_k)$ 表示人、狗、鸡、米第 k 次的状态,$d_k \in D$ 为决策向量.那么人、狗、鸡、米过河问题,即要求 $d_1, d_2, \cdots, d_{m-1} \in D$,$S_0, S_1, \cdots, S_m \in S$,$S_0 = (1, 1, 1, 1)$,$S_m = (0, 0, 0, 0)$,同时满足式(2.1).

下面用状态转移图求解.

将 10 个允许状态用 10 个点表示,并且仅当某个允许状态经过一个允许决策仍为允许状态,则这两个允许状态间存在连线,而构成一个图,如图 2-1 所示.在其中寻找一条从(1, 1, 1, 1)到(0, 0, 0, 0)的路径,这样的路径就是一个解,路径图如图 2-2 所示.

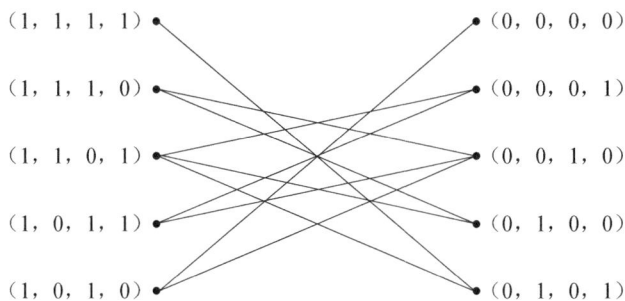

图 2-1　允许状态连线

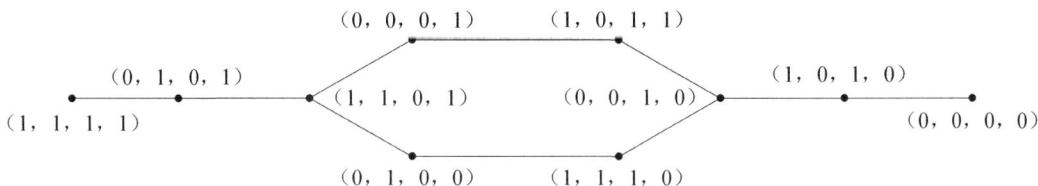

图 2-2　路径

如图 2-2 所示,有两个解都是经过 7 次运算完成,均为最优解.

2.1.2　商人过河问题

例 2.2　三名商人各带一个随从乘船渡河,现有一只小船仅能容纳两个人,由他们自己划行,若在河的任一岸随从人数多于商人,他们就可能抢劫财物.假设如何乘船渡河由商人决定,试给出一个商人安全渡河的方案.

首先简要介绍图论中的一个定理.设 G 是一个图,$V(G)$ 为 G 的顶点集,$E(G)$ 为 G 的边集.设 G 中有 n 个顶点 $v_1, v_2, \cdots, v_n$,$\boldsymbol{A} = (a_{ij})_{n \times n}$ 为 G 的邻接矩阵,其中

$$a_{ij} = \begin{cases} 1, & v_i v_j \in E(G), \\ 0, & v_i v_j \notin E(G). \end{cases} \quad (i, j = 1, 2, \cdots, n)$$

定理 2.1 设 $A(G)$ 为图 G 的邻接矩阵，则 G 中从顶点 v_i 到顶点 v_j，长度为 k 的道路条数为 A^k 中的 i 行 j 列元素.

证明： 对 k 用数学归纳法. 当 $k=1$ 时，显然结论成立；假设 k 时定理成立，考虑 $k+1$ 的情形. 记 A^l 的 i 行 j 列元素为 $a_{ij}^{(l)}$，$l \geqslant 2$，因为 $A^l \cdot A = A^{l+1}$，所以

$$a_{ij}^{(l+1)} = a_{i1}^l a_{1j} + a_{i2}^l a_{2j} + \cdots + a_{in}^l a_{nj}. \tag{2.2}$$

而从 v_i 到 v_j 长度为 $k+1$ 的道路无非是从 v_i 经 k 步到某顶点 $v_l (1 \leqslant l \leqslant n)$，再从 v_l 走一步到 v_j. 由归纳假设从 v_i 到 v_l 长为 k 的道路共计 a_{il}^k 条，而从 v_l 到 v_j 长为 1 的道路为 a_{lj} 条，所以长为 $k+1$ 的道路从 v_i 经 k 步到 v_l，再走一步到 v_j 的道路共有 $a_{il}^{(k)} a_{lj}$ 条，故从 v_i 经 $k+1$ 步到 v_j 的路径共有 $a_{ij}^{(k+1)} = \sum\limits_{l=1}^{n} a_{il}^{(k)} a_{lj}$ 条.

接下来对商人过河问题分析求解.

假设渡河是从南岸到北岸，(m, n) 表示南岸有 m 个商人，n 个随从，全部的允许状态共有 10 个：

$$v_1 = (3, 3); \ v_2 = (3, 2); \ v_3 = (3, 1); \ v_4 = (3, 0); \ v_5 = (2, 2);$$
$$v_6 = (1, 1); \ v_7 = (0, 3); \ v_8 = (0, 2); \ v_9 = (0, 1); \ v_{10} = (0, 0).$$

以 $V = \{v_1, v_2, \cdots, v_{10}\}$ 为顶点集，考虑到奇数次渡河和偶数次渡河的不同，建立两个邻接矩阵：

$$A = \begin{bmatrix} A_1 & A_2 \\ 0 & A_3 \end{bmatrix}, \ B = A^{\mathrm{T}},$$

其中

$$A_1 = \begin{bmatrix} 0 & 1 & 1 & 0 & 1 \\ 0 & 0 & 1 & 1 & 1 \\ 0 & 0 & 0 & 1 & 0 \\ 0 & 0 & 0 & 0 & 0 \\ 0 & 0 & 0 & 0 & 0 \end{bmatrix}, \ A_2 = \begin{bmatrix} 0 & 0 & 0 & 0 & 0 \\ 0 & 0 & 0 & 0 & 0 \\ 1 & 0 & 0 & 0 & 0 \\ 0 & 0 & 0 & 0 & 0 \\ 1 & 0 & 1 & 0 & 0 \end{bmatrix}, \ A_3 = \begin{bmatrix} 0 & 0 & 0 & 1 & 1 \\ 0 & 0 & 1 & 1 & 0 \\ 0 & 0 & 0 & 1 & 1 \\ 0 & 0 & 0 & 0 & 1 \\ 0 & 0 & 0 & 0 & 0 \end{bmatrix},$$

A 表示从南岸到北岸渡河的图的邻接矩阵，$B = A^{\mathrm{T}}$ 表示从北岸到南岸渡河的图的邻接矩阵. 由定理 2.1，我们应考虑最小的 k，使得 $(AB)^k A$ 中 1 行 10 列的元素不为 0，此时 $2k+1$ 即为最少的渡河次数，而矩阵 $(AB)^k A$ 中 1 行 10 列的元素为最佳的路径数目.

经过计算 $k=5$ 时，$(AB)^5 A$ 的第 1 行 10 列元素为 2，所以需 11 次渡河，有两条最佳路径.

最后用图解法求解. 前面已求出问题的 10 种允许状态，允许决策向量集合 $D = \{(u, v): u+v = 1, 2\}$，状态转移方程为

$$S_{k+1} = S_k + (-1)^k d_k,$$

其中 $S_k = (m_k, n_k)$ 表示第 k 步南岸的商人和随从数.如图 2-3 所示,标出 10 种允许状态,找出从 $S_1 = (3, 3)$ 经由允许状态到原点的路径,该路径还要满足奇数次向左,向下;偶数次向右,向上.

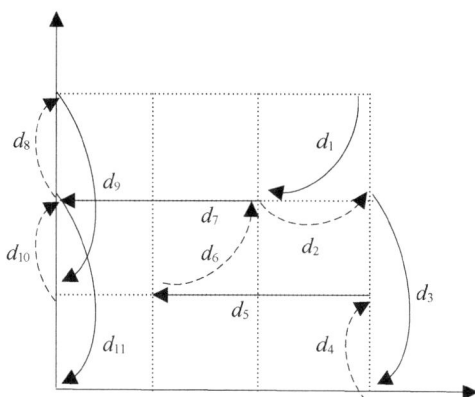

图 2-3　商人过河图解法

$$(3, 3) \xrightarrow{\text{去一商一随}} (2, 2) \xrightarrow{\text{回一商}} (3, 2)$$

$$\xrightarrow{\text{去二随}} (3, 0) \xrightarrow{\text{回一随}} (3, 1) \xrightarrow{\text{去二商}} (1, 1)$$

$$\xrightarrow{\text{回一商一随}} (2, 2) \xrightarrow{\text{去二商}} (0, 2) \xrightarrow{\text{回一随}} (0, 3)$$

$$\xrightarrow{\text{去二随}} (0, 1) \xrightarrow{\text{回一随}} (0, 2) \xrightarrow{\text{去二随}} (0, 0)$$

如图 2-3 所示,可得这样的过河策略,共分 11 次决策.

2.2　比例与函数建模

本节介绍的几个模型,都是利用基本的比例关系与函数来建立数学模型.

2.2.1　动物体型问题

例 2.3　某生猪收购站,需要研究如何根据生猪的体长(不包括头尾)估计其重量,即体长与重量的关系.

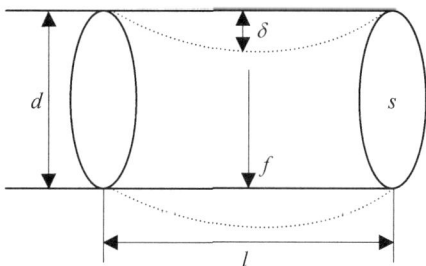

图 2-4　四足动物躯干

1. 模型假设

(1) 将四足动物的躯干(不含头尾)视为质量为 m 的圆柱体,长度为 l,截面面积为 s,直径为 d,如图 2-4 所示.

(2) 把圆柱体的躯干看作一根支撑在四肢上的弹性梁,动物在重量 f 作用下的最大下垂为 δ,即梁的最大弯曲,根据弹性力学弯曲度理论,有

$$\delta \propto \frac{fl^3}{sd^2}. \tag{2.3}$$

(3) 以生物进化学的角度,可认为动物的相对下垂度 $\dfrac{\delta}{l}$ 已达到一个合适的数值,即 $\dfrac{\delta}{l}$ 为常数.

2. 模型建立

显然有

$$s = \frac{\pi d^2}{4}, \quad f \propto \frac{\pi d^2}{4} l. \tag{2.4}$$

由式(2.3),可知 $\delta \propto \dfrac{fl^3}{sd^2}$,结合式(2.4)可得

$$sd^2 = \frac{4}{\pi}\left(\frac{\pi}{4}d^2l\right)^2\frac{1}{l^2} \propto \frac{4}{\pi}f^2\frac{1}{l^2}.$$

即有 $\delta = k_1\dfrac{\pi}{4}\dfrac{l^5}{f}$,所以 $f \propto \dfrac{\pi}{4}\dfrac{l^5}{\delta} = \dfrac{\pi}{4}\dfrac{l}{\delta}l^4$. 令 $k = \dfrac{\pi}{4}\dfrac{l}{\delta}$,由假设(3),$k$ 为常数,进一步有

$$f \propto l^4.$$

因此生猪的重量与体长的四次方成正比.在实际工作中,工作人员由实际经验及统计数据找出常数 k,即可由生猪的体长估计它的重量.

2.2.2 双重玻璃的功效

例 2.4 房间居室的窗户有的是双层的,即在窗户上装两层玻璃,且中间留有一定的空隙,试比较双层玻璃窗与单层玻璃窗的热量流失.

1. 模型假设

(1)设双层玻璃窗的两层玻璃厚度都为 d,两层玻璃的间距为 L;单层玻璃窗的玻璃厚度为 $2d$,所用玻璃材料相同,如图 2-5 所示.

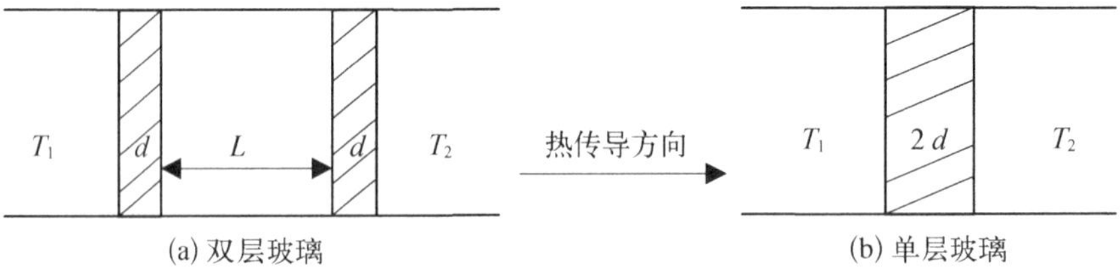

图 2-5 双层玻璃和单层玻璃厚度

(2)假设窗户的封闭性能很好,两层玻璃之间的空气不流动,即忽略热量的对流,也忽略热量的辐射,只考虑热量的传导.

(3)室内温度 T_1 和室外温度 T_2 保持不变,热传导过程处于稳定状态,即单位时间通过单位面积的热量为常数.

(4)玻璃材料均匀,热传导系数为常数.

2. 模型建立

对于厚度为 d 的均匀介质,两侧温度差为 ΔT,则单位时间由温度高的一侧向温度低的一侧通过单位面积的热量 Q 满足

$$Q = k \cdot \frac{\Delta T}{d}.$$

其中 k 为热传导系数,这里设玻璃的热传导系数为 k_1,空气的热传导系数为 k_2.

(1)先考虑单层玻璃,单位时间、单位面积的热量传导为

$$Q_1 = k_1 \cdot \frac{T_1 - T_2}{2d}.$$

（2）下面考虑双层玻璃情形.

此时热量先通过厚度为 d 的玻璃传导到两层玻璃的夹层空气中,通过空气传导后,再通过厚度为 d 的玻璃传导.设内层玻璃的外侧温度为 T_a,外层玻璃的内侧温度为 T_b,则有

$$Q_2 = k_1 \frac{T_1 - T_a}{d} = k_2 \frac{T_a - T_b}{l} = k_1 \frac{T_b - T_2}{d}. \tag{2.5}$$

由式(2.5)可得

$$\begin{cases} T_a + T_b = T_1 + T_2, \\ T_a - T_b = \dfrac{k_1}{k_2} \dfrac{l}{d}(T_b - T_2). \end{cases}$$

记 $S = \dfrac{k_1 l}{k_2 d}$,可得

$$2T_b = T_1 + T_2 - S(T_b - T_2),$$

$$2(T_b - T_2) = T_1 - T_2 - S(T_b - T_2),$$

$$(T_b - T_2) = \frac{1}{2+S}(T_1 - T_2),$$

$$Q_2 = \frac{1}{(2+S)} \frac{k_1}{d}(T_1 - T_2).$$

考虑 Q_1, Q_2 之比,可得

$$\frac{Q_2}{Q_1} = \frac{2}{2+S}.$$

显然 $Q_2 < Q_1$,即双层玻璃的热量损失较小.

3. 模型分析与应用

常用玻璃的热传导系数 $k_1 = 0.4 \sim 0.8 \ \text{W}/(\text{m}^2 \cdot \text{K})$,而不流通干燥空气的热传导系数 $k_2 = 0.025 \ \text{W}/(\text{m}^2 \cdot \text{K})$,若取 $\dfrac{l}{d} = h$,则 $16h \leqslant S \leqslant 32h$,故

$$\frac{Q_2}{Q_1} \leqslant \frac{1}{1+8h}. \tag{2.6}$$

若取 $h = 4$,则 $\dfrac{Q_2}{Q_1} \leqslant \dfrac{1}{33}$,由此可见与同样多材料的单层玻璃窗相比,双层玻璃可减少 97%的热量损失,其保暖效果是相当可观的.

我国北方寒冷地区的建筑物,通常采用双层玻璃,由式(2.6)可知,当 $h=4$ 时,$Q_2 \approx \frac{1}{33}Q_1$,$h$ 再大,热量传递的减少就不明显了,此外考虑到墙体的厚度,建筑规范通常要求 $h \approx 4$.

2.2.3　公平的席位分配问题

席位分配在社会活动中经常遇到,如人大代表或职工、学生代表的名额分配,通常分配结果的公平与否以每个代表席位所代表的人数相等或接近来衡量.目前沿用的惯例分配法为按比例分配方法,即

$$某单位席位分配数 = 某单位人数 \times 比例总席位.$$

按照上述公式进行分配,如果一些单位的席位分配出现小数,则先按席位分配数的整数分配席位,余下席位按所有参与席位分配单位中小数的大小依次进行分配,这种分配公平吗? 下面来看一个学院在分配学生代表席位中遇到的问题.

例 2.5　某学院有甲、乙、丙三个系,并设 20 个学生代表席位,其最初的学生人数和学生代表席位如表 2-1 所示.

表 2-1　学生席位分配情况

系　　名	甲	乙	丙	合　计
学生数/个	100	60	40	200
学生人数比例/%	50	30	20	100
席位分配/个	10	6	4	20

后来由于出现学生转系情况,丙系有 6 名学生分别转入甲、乙两系各 3 人,此时各系的学生代表席位按比例分配法重新分配,分配情况如表 2-2 所示.

表 2-2　转系后的学生席位分配情况

系　　名	甲	乙	丙	合　计
学生数/个	103	63	34	200
学生人数比例/%	51.5	31.5	17	100
按比例分配席位/个	10.3	6.3	3.4	20
按惯例席位分配/个	10	6	4	20

由于总代表席位为偶数,使得在解决问题的表决中有时出现平局现象而不能达成一致意见.为改变这一情况,学院决定再增加一个代表席位,总代表席位变为 21 个.表 2-3 为重新按惯例分配席位的情况.

表 2-3　增加一席后的学生席位分配情况

系　　名	甲	乙	丙	合　计
学生数/个	103	63	34	200
学生人数比例/%	51.5	31.5	17	100
按比例分配席位/个	10.815	6.615	3.57	21
按惯例席位分配/个	11	7	3	21

这样虽然增加了一个席位,但丙系的席位反而减少一席,因此这种分法显然是不合理的.这个结果也说明按照惯例分配席位的方法有缺陷,请尝试建立更合理的分配席位方法解决上面代表席位分配中出现的不公平问题.

1. 问题分析

席位分配问题,当出现小数时,无论如何分配都是不完全公平的.那么一个比较公平的分法应该是寻找一个不公平程度最低的方法,因此首先要给出不公平程度的数量化,然后考虑使之最小的分配方案.

2. 模型建立

(1) 讨论不公平程度的数量化.

设 A,B 两方人数分别为 p_1,p_2,分别占有 n_1 和 n_2 个席位,则两方每个席位所代表的人数分别为 $\dfrac{p_1}{n_1}$ 和 $\dfrac{p_2}{n_2}$.

我们称 $\left|\dfrac{p_1}{n_1}-\dfrac{p_2}{n_2}\right|$ 为绝对不公平值.例:$p_1=120$,$p_2=100$,$n_1=n_2=10$,则 $\left|\dfrac{p_1}{n_1}-\dfrac{p_2}{n_2}\right|=2$.又 $p_1=1\,020$,$p_2=1\,000$,$n_1=n_2=10$,则 $\left|\dfrac{p_1}{n_1}-\dfrac{p_2}{n_2}\right|=2$.可见用绝对不公平程度作为衡量不公平的标准,并不合理,下面给出相对不公平值.

若 $\dfrac{p_1}{n_1}>\dfrac{p_2}{n_2}$,定义

$$\frac{\dfrac{p_1}{n_1}-\dfrac{p_2}{n_2}}{\dfrac{p_2}{n_2}}=\frac{p_1 n_2}{p_2 n_1}-1$$

为对 A 的相对不公平值,记为 $r_A(n_1,n_2)$;若 $\dfrac{p_1}{n_1}<\dfrac{p_2}{n_2}$,则定义

$$\frac{\dfrac{p_2}{n_2}-\dfrac{p_1}{n_1}}{\dfrac{p_1}{n_1}}=\frac{p_2 n_1}{p_1 n_2}-1$$

为对 B 的相对不公平值,记为 $r_B(n_1,n_2)$.

上例中,相对不公平值分别为 0.2 和 0.02,可见用相对不公平值刻画不公平程度较为合理.

(2)下面用相对不公平值建立模型.

设 A,B 两方人数分别为 p_1,p_2,分别占有 n_1 和 n_2 个席位,现在增加一个席位,应该给 A 还是 B? 不妨设 $\dfrac{p_1}{n_1}>\dfrac{p_2}{n_2}$,此时对 A 不公平,下面分两种情形.

① $\dfrac{p_1}{n_1+1}\geqslant\dfrac{p_2}{n_2}$,这说明即使 A 增加 1 席,仍对 A 不公平,故这一席应给 A.

② $\dfrac{p_1}{n_1+1}<\dfrac{p_2}{n_2}$,说明 A 方增加 1 席时,将对 B 不公平,此时计算对 B 的相对不公平值 $r_B(n_1+1,n_2)=\dfrac{p_2(n_1+1)}{p_1 n_2}-1$;若这一席给 B,则计算对 A 的相对不公平值 $r_A(n_1,n_2+1)=\dfrac{p_1(n_2+1)}{p_2 n_1}-1$,本着使相对不公平值尽量小的原则,若

$$r_B(n_1+1,n_2)<r_A(n_1,n_2+1),\qquad(2.7)$$

则增加的 1 席给 A 方,若

$$r_A(n_1,n_2+1)<r_B(n_1+1,n_2),\qquad(2.8)$$

则增加的 1 席给 B 方.由式(2.7)可得 $\dfrac{p_2^2}{n_2(n_2+1)}<\dfrac{p_1^2}{n_1(n_1+1)}$;由式(2.8)可得

$\dfrac{p_2^2}{n_2(n_2+1)}>\dfrac{p_1^2}{n_1(n_1+1)}$.

综上可见,记 $Q_i=\dfrac{p_i^2}{n_i(n_i+1)}$,则增加的 1 席,应给 Q 值大的一方.第一种情形,显然也符合该原则,该方法也称为 Q 值方法.

现在将上述方法推广到 m 方分配席位的情况,设 A_i 方人数为 p_i 已占有 n_i 席,$i=1$,$2,\cdots,m$.分配下一名额时,首先计算 $Q_i=\dfrac{p_i^2}{n_i(n_i+1)}$,$i=1,2,\cdots,m$,然后将增加的 1 席分配给 Q_i 值最大的一方.

3. 问题求解

使用 Q 值方法求解原问题,前 19 席的分配没有争议,甲系得 10 席,乙系得 6 席,丙系得 3 席.考虑第 20 席的分配,首先计算

$$Q_1=\frac{103^2}{10(10+1)}=96.4,\ Q_2=\frac{63^2}{6(6+1)}=94.5,\ Q_3=\frac{34^2}{3(3+1)}=96.3.$$

故第 20 席应分配给甲系.同理第 21 席的分配,由 $Q_1=80.4$,$Q_2=94.5$,$Q_3=96.3$,第 21 席应分配给丙系.甲、乙、丙三系各分得 11,6,4 席,这样丙系保住了它险些丧失的 1 席.

实际应用中没有必要从一开始就用 Q 值法分配,而应结合按比例分配的方式,先将按比例计算的份额整数部分分给各个单位,对剩下的席位数逐一用 Q 值法解决.如果涉及的单位、人数和席位数都比较多,上述计算和判断可能比较麻烦,下面给出用 MATLAB 编写的基于 Q 值法的席位分配程序代码:

```
clc
num= input('输入单位数目:');
pn=[];
for i= 1:num
    pn(i)= input('输入各单位人数:');
end
N= input('席位数目:');
M= sum(pn);  % 总人数
k= pn./M;  % 各单位人数百分比
m= k*N;  % 比例分配席位
n= floor(m); % 各单位分配的整数份额
Nq= N- sum(n); % 需用 Q 值法动态分配的席位数
Q=[]; % Q 值初值
for i= 1:Nq
    for j= 1:num
            Q(j)= pn(j)^2/(n(j)*(n(j)+1));  % 计算各单位 Q 值
    end
    [max_q, max_q_id]= max(Q);% 返回数组 Q 的最大值及其位置
    n(max_q_id)= n(max_q_id)+1;
end
n
```

在本题中,只需要依次输入 3,103,63,34,21,执行后输出

```
n=
 11  6  4
```

2.2.4　划艇比赛的成绩

例 2.6　赛艇是一种靠桨手划桨前进的小船,分单人艇、双人艇、四人艇、八人艇 4 种.各种艇虽大小不同,但形状相似.有人比较了各种赛艇 1964—1970 年 4 次 2 000 m 比赛的最好成绩(包括 1964 年和 1968 年的两次奥运会和两次世界锦标赛),如表 2-4 第 1 至 6 列所示,认为比赛成绩与桨手数量之间存在着某种联系,试建立数学模型揭示这种关系.

表 2-4　各种艇的比赛成绩和规格

艇　种	2 000 m 成绩 t /min					艇长 h/m	艇宽 b/m	艇长/艇宽 h/b	艇重/桨手数 w_0/n
	1	2	3	4	平均				
单　人	7.16	7.25	7.28	7.17	7.21	7.93	0.293	27.0	16.3
双　人	6.87	6.92	6.95	6.77	6.88	9.76	0.356	27.4	13.6
四　人	6.33	6.42	6.48	6.13	6.32	11.75	0.574	21.0	18.1
八　人	5.87	5.92	5.82	5.73	5.84	18.28	0.610	30.0	14.7

1. 问题分析

赛艇前进时受到的阻力主要是艇浸没部分与水之间产生的摩擦力,艇靠桨手的力量克服阻力保持一定的速度前进.桨手越多,划艇前进的动力越大,但艇和桨手总重量的增加会使艇浸没体积加大,于是阻力加大,增加的阻力将抵消一部分增加的动力.建模目的是寻求桨手数量与比赛成绩(航行一定距离所需时间)之间的数量规律.

为了分析所受阻力的情况,调查了各种艇的几何尺寸和重量,如表 2-4 所示,第 7 至 10 列给出了这些数据.可以看出,桨手数 n 增加时,艇的尺寸 h、b 及艇重 w_0 都随之增加,但比值 h/b 和 w_0/n 变化不大.若假定 h/b 是常数,即各种艇的形状一样,则可得到艇浸没面积与排水体积之间的关系.若假定 w_0/n 是常数,则可得到艇和桨手的总重量与桨手数之间的关系.此外还需对桨手体重、划桨功率、阻力与艇速的关系等方面做简化且合理的假定,才能运用合适的物理定律建立需要的模型.

2. 模型假设

(1) 各种艇的几何形状相同,h/b 为常数;艇重 w_0 与桨手数 n 成正比.这是艇的静态特性.

(2) 艇速 v 是常数,前进时受的阻力 f 与 sv^2 成正比(s 是艇浸没部分面积).这是艇的动态特性.

(3) 所有桨手的体重都相同,记作 w;在比赛中每个桨手的划桨功率 p 保持不变,且 p 与 w 成正比.

假设(1)是根据所给数据做出的必要且合理的简化.根据物理学的知识,在运动速度中等大小的物体所受的阻力 f 符合假设(2)中 f 与 sv^2 成正比的情况.假设(3)中 w、p 为常数属于必要的简化,而 p 与 w 成正比可解释为 p 与肌肉、肺的体积成正比,对于身材匀称的运动员,肌肉、肺的体积与体重 w 成正比.

3. 模型建立

有 n 名桨手的艇的总功率 np 与阻力 f 和速度 v 的乘积成正比,即

$$np \propto fv. \tag{2.9}$$

由假设(2),(3)得

$$f \propto sv^2, \quad p \propto w,$$

代入式(2.9)可得

$$v \propto (n/s)^{1/3}. \tag{2.10}$$

在假设(1)中各种艇几何形状相同,若艇浸没面积 s 与艇的某特征尺寸 c 的平方成正比($s \propto c^2$),则艇排水体积 A 必与 c 的立方成正比($A \propto c^3$),于是有

$$s \propto A^{2/3}. \tag{2.11}$$

又根据艇重 w_0 与桨手数 n 成正比,所以艇和桨手的总重量 $W = w_0 + nw$,W 也与 n 成正比,即

$$W \propto n. \tag{2.12}$$

由阿基米德定律,艇排水体积 A 与总重量 W 成正比,即

$$A \propto W. \tag{2.13}$$

由式(2.11)、式(2.12)、式(2.13)得出

$$s \propto n^{2/3}. \tag{2.14}$$

将式(2.14)代入式(2.10)得

$$v \propto n^{1/9}.$$

因为比赛成绩 t(时间)与 v 成反比,所以

$$t \propto n^{-1/9}. \tag{2.15}$$

式(2.15)就是根据模型假设和几条物理规律得到的各种艇的比赛成绩与桨手数之间的关系.

4. 模型检验

为了用表 2-4 中各种艇的平均成绩检验式(2.15),设 t 与 n 的关系为

$$t = an^b. \tag{2.16}$$

式中 a、b 为待定常数.由式(2.16)有

$$\lg t = a' + b\lg n.$$

利用最小二乘法根据所给数据拟合上式,得

$$t = 7.21n^{-0.11},$$

可以看出这个结果与式(2.15)吻合得相当好.

2.3　学生实践案例——车辆测速问题[①]

例 2.7　道路监控是管理道路车辆有序和安全通过道路的有效手段.为了获取车辆对于摄像头(参照物)的相对位置,可以用同一摄像头在极短时间内拍摄的多张连续照片来进行车辆定位和测速.为简单起见,这里选择同一摄像头在极短时间内拍摄的两张照片来定位和测速.

(1) 建立标定车辆位置的数学模型,并讨论影响定位精度的因素.

(2) 建立车辆测速模型.

1. 问题分析及研究内容

本例主要考虑用摄像头对车辆进行定位和测速,旨在用摄像头为交通测速问题提供一种新的方法和思路并尽可能地减小其中的误差.

为了具体分析讨论,本例使用了网络上找到的同一摄像头在极短时间内拍摄的两张连续照片(时间均已标注,时间间隔已知),如图 2-6 所示.

———————————

① 本例根据上海市嘉定一中张哲娴的报告整理.

图 2-6 同一摄像头拍摄车辆测速图(图片来源于网络)

研究内容分为两部分:第一部分根据课题的初步思路,将汽车看成平行四边形,用比例根据图片尺寸推算实际距离,将汽车的移动看成平行四边形几何中心的移动,并先用几何画板对问题进行简单的模拟,再结合照片进行测算,得出汽车的速度,和图片中记录汽车的真实速度进行比对,得出误差的大小;第二部分在第一部分研究的基础上,对所得数据和误差做出分析,估计造成误差的因素(图片的远近比例、汽车平行四边形的模拟、定位点的高度和角度、图片和实际的比例的数据测算误差等),然后逐个改善误差,可以清晰地看出误差逐渐减小的过程.

2. 模型建立

经过一系列的思考与改进,最终采用的初步方法大致可以概括为:先根据摄像头拍摄的照片和已知路径的长度数据,运用照片上的测量数据计算图片与实际距离的比例,进而求得实际距离.然后将摄像头拍摄的汽车近似看成平行四边形,汽车相对位置的移动看成中心点(平行四边形对角线交点)的移动.首先求出已知时间间隔 Δt 内汽车经过的实际距离 S,再由公式 $v=S/\Delta t$ 可估算出车辆在这段极短时间内的速度.

(1)用几何画板对初步方法进行模拟和描述.

如图 2-7 所示,将 $ABGH$ 看成摄像头拍摄出的道路,$IJML$ 和 $OPRQ$ 都是拍摄出的汽车影像,将汽车近似看作平行四边形,在图中绘出相应的近似图形,将其对角线的交点看作汽车在道路上的相对位置.若将其放置在平面直角坐标系上,则图中点 K 和点 N 表示车辆的相对位置.作 $EK \parallel AB$,$KC \parallel AG$,$FN \parallel AB$,$ND \parallel AG$,又因为 AB 和 AG 的长度是个确定值,根据图像中的测量距离可

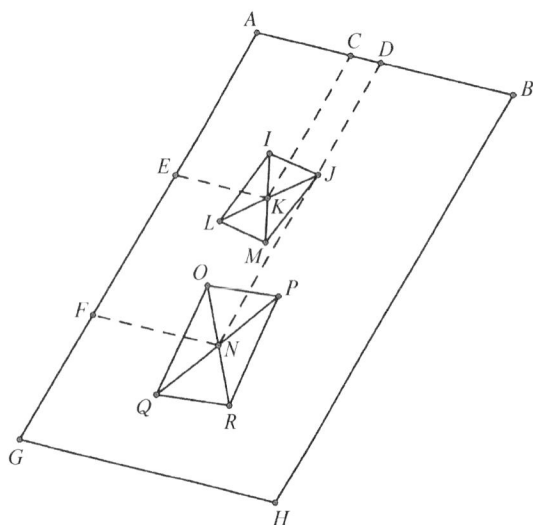

图 2-7 初步的测速方法

得图片与实际的比例,代入测量数值,可以得出图中 EK、CK、FN、ND 的实际长度,坐标也可得出.

若假设 $IJML$ 和 $OPRQ$ 是同一摄像头拍摄的同一辆车,摄像头接连拍摄的时间有一个较为精确的时间间隔,再用同上方法求出 KN 的长度,求出该长度与时间的比值,即可估算出车辆的速度.

(2) 对图 2-6 中的图像用(1)中的方法进行速度的测算.

计算图片与实际的比例.按照高速公路车道规定:单条车道宽度为 3.75 m.根据图 2-8 测量 $AB=6.40$ cm,其实际距离为 3.75 m,所以图片与实际的比值

$$Y = \frac{0.064 \text{ m}}{3.75 \text{ m}} = 0.017\ 07.$$

$\overline{AB}=6.40$ cm $\overline{CD}=12.65$ cm

图 2-8   车道宽度真实值与测量值

下面用(1)中描述的初步方法进行测速,具体如图 2-9 所示,将左右两幅图中的汽车用平行四边形近似,中心点分别为点 E、C.

$\overline{BC}=9.83$ cm $\overline{CG}=2.65$ cm $\overline{EF}=3.28$ cm $\overline{DE}=9.63$ cm

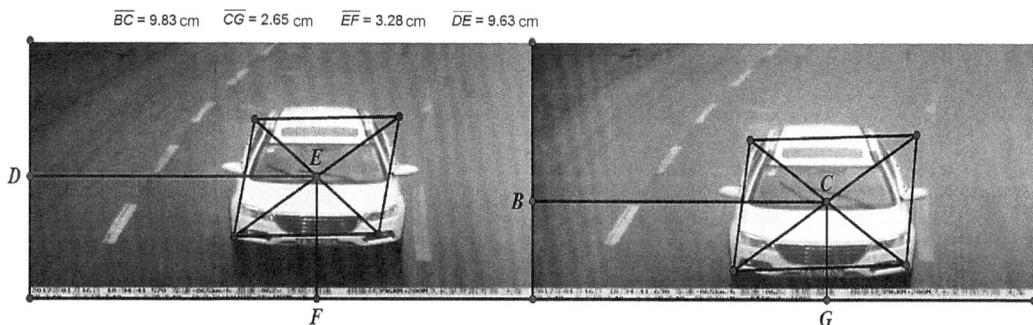

图 2-9   对图 2-6 用初步法测速

以图像的左下角为坐标原点,根据图 2-9 测量得 C、E 两点坐标:C (9.83 cm,2.65 cm),E (9.63 cm,3.28 cm).C、E 两点在图像上的距离 $|CE|=0.660\ 98$ cm,按照图

片与实际的比例,可得汽车移动的实际距离 $|CE|$ 约为 0.387 22 m.

按图片所给信息可知时间间隔 Δt 为 0.06 s,根据以上结果,可以求出汽车的速度为

$$v_1 = |CE| / \Delta t = 0.387\ 22\ \text{m}/0.06\ \text{s} = 6.453\ 67\ \text{m/s} = 23.233\ 21\ \text{km/h}.$$

与真实值 65 km/h 相比,显然误差较大.

分析造成误差的原因,主要有两方面:一是拍摄图片"近大远小",导致图片与实际的值不同,所以在两幅图像中图片与实际的比值并不相同;二是把车辆粗略看成平行四边形,在高度和角度方面造成误差.

(3) 对图片的"近大远小"和近似平行四边形的误差进行修正.

由于忽略了图片的"近大远小",在一定程度上导致了误差.分别计算两幅图片与实际的比例,然后根据照片中相应点的坐标分别计算对应的实际值.经测量,$AK = 2.22$ cm,$LV = 2.35$ cm,且 AK 处道路宽度为 5.21 cm,LV 处道路宽度为 5.53 cm,可得图 2-10 中两幅图片与实际的比值分别为 0.013 89 和 0.014 75.

为减少将车辆近似看作平行四边形带来的误差,考虑将汽车的外轮廓用多个点标出,视其为不规则多边形,取其正上方和正下方两条边组成的四边形的对角线交点为定位点,如图 2-10 所示,得左右两幅图像中车的中心点 M_1,M_2.经测量得 M_1 点的图像坐标为 (8.12 cm, 5.47 cm),M_2 点的图像坐标为 (8.11 cm, 4.74 cm),结合上面求得的比例值可求出 M_1 点的实际坐标为 $\tilde{M}_1$(5.845 93 m, 3.938 08 m),M_2 点的实际坐标为 $\tilde{M}_2$(5.498 31 m, 3.213 56 m).

所以点 M_1 到 M_2 之间的实际距离 $|\tilde{M}_1\tilde{M}_2|$ 约为 0.803 60 m,再次估算速度得

$$v_2 = |\tilde{M}_1\tilde{M}_2| / \Delta t = 48.216\ \text{km/h}.$$

可见,相比初步法得到的 v_1,误差有所减小.

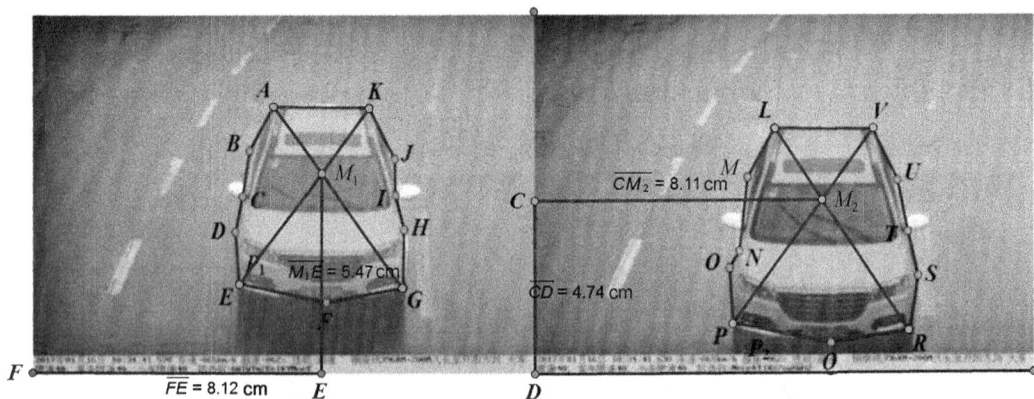

图 2-10 对图片的"近大远小"和近似平行四边形带来的误差进行修正

(4) 对拍摄高度和角度带来的误差进行修正.

为减小拍摄高度和角度带来的误差,把车辆后侧的上半部分看成一个近似于长方体的不规则立体图形,分别在两张图中将其上下两个面的对角线交点相连接,汽车的定位点

都取其上一点.因为这两条线段斜率不同,取距车顶竖直高度相等的两点,以减小高度和角度带来的误差.

如图 2-11 所示,将车辆后侧的上半部分看成一个近似于长方体的不规则图形,将上下两个面的对角线的中点连线,分别记为 AB、CD.设 AB、CD 与竖直方向的夹角分别为 α、β,经测量可得 $\cot\alpha=29.41$,$\cot\beta=15.06$.

分别取 AB、CD 上到车顶的竖直距离相等的两点 M、N(M、N 看作车辆的相对位置).经测量,两车车顶对角线交点 A 的坐标为(8.78 cm, 9.87 cm),C 的坐标为(8.65 cm, 8.83 cm),若设 M、N 距点 A、C 相同的竖直高度差为 k cm,则点 M 坐标为(($8.78-k\cdot\tan\alpha$) cm,($9.87-k$) cm),点 N 坐标为(($8.65+k\cdot\tan\beta$) cm,($8.83-k$) cm).又因为 $\tan\alpha=0.034$,$\tan\beta=0.06640$,k 是取值范围内的任意数值,这里取 $k=1$ cm,可得点 M 为(8.746 cm, 8.87 cm),点 N 为(8.7164 cm, 7.83 cm).根据第(3)部分得出的左右两幅图与实际的比值,可得图 2-11 中对应点 M 的实际坐标为 $\widetilde{M}$(6.29661 m, 6.38589 m),点 N 的实际坐标为 $\widetilde{N}$(5.90942 m, 5.30847 m).点 M 到点 N 之间的实际距离 $|\widetilde{M}\widetilde{N}|$ 约为 1.14488 m.

进一步算出速度

$$\hat{v}_3=|\widetilde{M}\widetilde{N}|/\Delta t=1.14488 \text{ m}/0.06 \text{ s}=68.6928 \text{ km/h}.$$

与图片提供的该车辆速度 65 km/h 相比,误差已经很小.

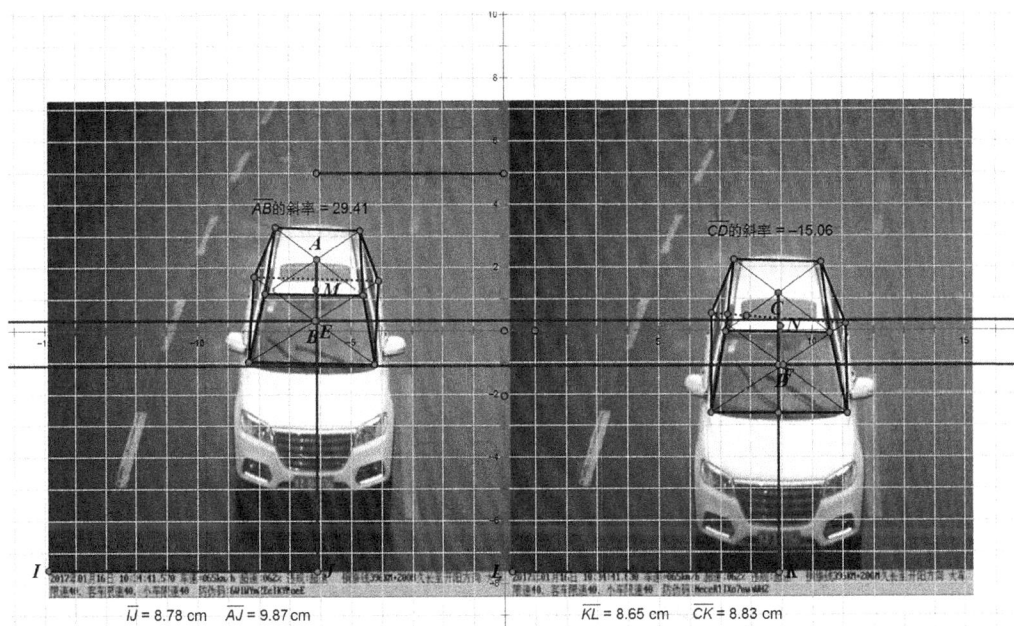

图 2-11　减小拍摄高度和角度带来的误差

3. 创新点

(1)建模分次进行,没有一次性考虑所有影响因素,而是有梯度地由易到难,先进行对单一变量的控制,然后逐步加入其他变量的影响加以研究,循序渐进地进行,是一个误差逐渐减小的过程.

（2）运用了较为简单的几何画板,从简单的图形问题进行建模,简洁易懂,生动形象.

（3）建模过程中加入自己的思考和理解,做出创新的尝试,将平面与空间立体几何相结合,构造出独特的效果与思维角度,给出研究交通测速的新视角.

习　题

1. 在例 2.2 的商人过河问题中若有 4 名商人,各带一随从能否过河?

2. 夫妻过河问题:有 3 对夫妻过河,船最多能载 2 人,条件是任一女子不能在其丈夫不在的情况下与其他男子在一起,如何安排 3 对夫妻过河? 若船最多能载 3 人,5 对夫妻能否过河?

3. 学校共有 1 000 名学生,235 人住在 A 楼,333 人住在 B 楼,432 人住在 C 楼.学生们要组成一个 10 人委员会,使用 Q 值方法给出分配方案.如果委员会为 15 人,分配方案是什么?

4. 举重比赛按照运动员的体重分组,试在一些合理、简化的假设下建立比赛成绩与体重之间的关系.下表是某一届奥运会竞赛的冠军成绩,供建立模型使用.

组　别	最大体重/kg	抓举/kg	挺举/kg	总成绩/kg
1	54	132.5	155	287.5
2	59	137.5	170	307.5
3	64	147.5	187.5	335
4	70	162.5	195	357.5
5	76	167.5	200	367.5
6	83	180	212.5	392.5
7	91	187.5	213	402.5
8	99	185	235	420
9	108	195	235	430
10	>108	197.5	260	457.5

5. 一个商人去旅行,没有带现金,只带了一根 92 节的金链.他打算住店 92 天,饭店同意商人每天用一节金链抵押,退房结账时可用现金换走.金匠接金链时按金链断开的段数收取费用,问商人如何切断金链既能满足饭店要求,又使金链维修费用最低?

第3章
资源分配与线性规划模型

线性规划是运筹学的一个重要分支,起源于工业生产组织管理的决策问题,数学上它用来确定多变量线性函数在变量满足线性约束条件下的最优值.实际中所研究的优化问题,一般都是要求使问题的某一项指标最优的方案,这里的最优包括最好、最大、最小、最高、最低、最多、最少等,这类问题统称为优化问题.线性规划是求解这类问题的常用方法,且有完备的理论基础和有效的求解方法.随着电子计算机的发展及数学软件包的出现,线性规划的求解变得相当简便,所以线性规划在工农业、军事、交通运输、科学试验等领域的应用日趋广泛.

3.1 问题引入

下面举例说明建立线性规划模型的一般过程.

例3.1 (生产安排)某工厂有生产甲、乙两种产品的能力,且生产一吨甲产品需要 3 个工日和 0.35 t 小麦,生产 1 t 乙产品需要 4 个工日和 0.25 t 小麦.该厂仅有工人 12 人,一个月只能出 300 个工日,小麦一个月只能进 21 吨.已知生产 1 t 甲产品可盈利 80(百元),生产 1 t 乙产品可盈利 90(百元).那么,该工厂在一个月中应如何安排这两种产品的生产,使之获得最大的利润?

由以上条件可列表如下:

表 3-1 资源消耗和产品产量

资源 ＼ 产品	甲	乙	总　和
工日/个	3	4	300
小麦/t	0.35	0.25	21
盈利/百元	80	90	

建立线性规划模型有以下三个步骤:

（1）设立决策变量.如同列方程解应用题一样,要建立数学模型,必须先设未知数,即未知变量.由于这些变量取一定数值对应某一决策方案,故称为决策变量.在线性规划模型中,设立决策变量是至关重要的,因为只有明确了决策变量,才有可能将决策目标及限制条件数学化.

例 3.1 要求工厂制定一个月中的生产安排,设 x_1, x_2 分别表示一个月中生产甲、乙两种产品的产量(单位：t),这就是本题的决策变量.

（2）明确决策目标.在解决实际问题时往往会有一些目标,这些目标通常是成本最小或利润、产值最大之类的问题.

例 3.1 中的决策目标是使总利润最大,所以利润函数 z (单位：百元)就是目标函数,它可以表示为

$$z = 80x_1 + 90x_2.$$

决策的目标是求利润 z 的最大值.

（3）寻找限制条件.一些生产问题常常受到客观条件的限制.如例 3.1 中,甲、乙两种产品的产量 x_1, x_2 受到工作时间、原料等的约束,因此应满足的约束如下：

工日的约束：$3x_1 + 4x_2 \leqslant 300$.

原料小麦的约束：$0.35x_1 + 0.25x_2 \leqslant 21$.

产量的客观约束：$x_1 \geqslant 0$, $x_2 \geqslant 0$.

可建立问题的数学模型为

$$
\begin{aligned}
\max z &= 80x_1 + 90x_2, \\
\text{s.t.} \quad & 3x_1 + 4x_2 \leqslant 300, \\
& 0.35x_1 + 0.25x_2 \leqslant 21, \\
& x_1, x_2 \geqslant 0.
\end{aligned}
\tag{3.1}
$$

由于在式(3.1)中目标函数 z 是 x_1 和 x_2 的线性函数,约束条件也是 x_1 和 x_2 的线性不等式,因此称式(3.1)为线性规划模型.

由例 3.1 可见,线性规划模型中有三个不可或缺的要素：设立决策变量、明确决策目标、寻找限制条件.设立决策变量是关键,它直接关系到模型构成的成败;目标通常为求一个函数的最大值或最小值;在寻找限制条件时,必须同时考虑主客观条件.从这三个要素出发,就能方便地建立线性规划模型.下面再举几个线性规划的例子,熟悉一下如何利用这三个要素快速建立问题的数学模型.

例 3.2 （营养配餐问题)假定一个成年人每天需要从食物中获取 3 000 kcal 的热量、55 g 蛋白质和 800 mg 的钙.如果市场上只有 4 种食品可供选择,它们每千克所含热量、营养成分及市场价格如表 3-2 所示.问如何选择才能在满足营养的前提下使购买食物的费用最小？

表 3-2　4 种食品每千克所含热量及营养成分

食品名称	热量/kcal	蛋白质/g	钙/mg	价格/元
猪　肉	1 000	50	400	14
鸡　蛋	800	60	200	6
大　米	900	20	300	3
白　菜	200	10	500	2

解：设 x_i，$i=1,2,3,4$ 为第 i 种食品每天的购入量（单位：kg），购买这些食品的费用为 S（单位：元），则

$$S=14x_1+6x_2+3x_3+2x_4.$$

在满足营养的要求，即满足每天的热量、蛋白质和钙的需求

$$1\,000x_1+800x_2+900x_3+200x_4\geqslant 3\,000,$$
$$50x_1+60x_2+20x_3+10x_4\geqslant 55,$$
$$400x_1+200x_2+300x_3+500x_4\geqslant 800,$$

可得配餐问题的线性规划模型为

$$\min S=14x_1+6x_2+3x_3+2x_4,$$
$$\text{s.t.}\quad 1\,000x_1+800x_2+900x_3+200x_4\geqslant 3\,000,$$
$$50x_1+60x_2+20x_3+10x_4\geqslant 55,$$
$$400x_1+200x_2+300x_3+500x_4\geqslant 800,$$
$$x_i\geqslant 0,\ i=1,2,3,4.$$

例 3.3　（蔬菜调拨）要从甲城调出蔬菜 2 000 t，从乙城调出蔬菜 1 100 t，分别供应 A 地 1 700 t，B 地 1 100 t，C 地 200 t，D 地 100 t。已知每吨运费如表 3-3 所示，试作一个蔬菜调拨计划，使总运费最少。

表 3-3　蔬菜调拨运费　　　　　　　　　单位：元/t

	A 地	B 地	C 地	D 地
甲　城	21	25	7	15
乙　城	51	30	37	18

解：做一个蔬菜调拨计划就是给出从每一个产地运到每一个销地的蔬菜的数量，设 x_{ij}，$i=1,2$；$j=1,2,3,4$ 分别表示从甲、乙两城调往 A、B、C、D 四地的蔬菜量（单位：吨），总运费为 S（单位：元），则

$$S=21x_{11}+25x_{12}+7x_{13}+15x_{14}+51x_{21}+30x_{22}+37x_{23}+18x_{24}.$$

从甲、乙两城分别调往 A、B、C、D 四地的蔬菜总量应分别等于 2 000 t 和 1 100 t,即

$$x_{11}+x_{12}+x_{13}+x_{14}=2\,000,$$
$$x_{21}+x_{22}+x_{23}+x_{24}=1\,100.$$

运到四地的蔬菜量应满足各地的需求,即

$$x_{11}+x_{21}=1\,700,$$
$$x_{21}+x_{22}=1\,100,$$
$$x_{31}+x_{32}=200,$$
$$x_{41}+x_{42}=100.$$

综上得蔬菜调拨问题的数学模型为

$$\min S=21x_{11}+25x_{12}+7x_{13}+15x_{14}+51x_{21}+30x_{22}+37x_{23}+18x_{24},$$
$$\text{s.t.}\quad x_{11}+x_{12}+x_{13}+x_{14}=2\,000,$$
$$x_{21}+x_{22}+x_{23}+x_{24}=1\,100,$$
$$x_{11}+x_{21}=1\,700,$$
$$x_{12}+x_{22}=1\,100,$$
$$x_{13}+x_{23}=200,$$
$$x_{14}+x_{24}=100,$$
$$x_{ij}\geqslant 0,\ i=1,\,2;\ j=1,\,2,\,3,\,4.$$

由例 3.1~例 3.3 可知,线性规划模型的一般形式

$$\max(\min) z=\sum_{i=1}^{n}c_i x_i,$$
$$\text{s.t.}\quad \sum_{j=1}^{n}a_{ij}x_j\leqslant(\geqslant,=)b_i,\ i=1,\,2,\,\cdots,\,m,$$
$$x_j\geqslant 0\quad j=1,\,2,\,\cdots,\,n. \tag{3.2}$$

写成矩阵形式为

$$\max(\min) z=\boldsymbol{c}^{\mathrm{T}}\boldsymbol{x},$$
$$\text{s.t.}\quad \boldsymbol{Ax}\leqslant(\geqslant,=)\boldsymbol{b},$$
$$\boldsymbol{x}\geqslant 0. \tag{3.3}$$

其中 $\boldsymbol{x}=(x_1,\,x_2,\,\cdots,\,x_n)^{\mathrm{T}}$ 为决策向量,$\boldsymbol{c}=(c_1,\,c_2,\,\cdots,\,c_n)^{\mathrm{T}}$ 为目标函数的系数向量,$\boldsymbol{b}=(b_1,\,b_2,\,\cdots,\,b_m)^{\mathrm{T}}$ 为常数向量,$\boldsymbol{A}=(a_{ij})_{m\times n}$ 为系数矩阵.

对于例 3.1

$$\boldsymbol{c}^{\mathrm{T}}=(80,\,90),\ \boldsymbol{A}=\begin{pmatrix}3&4\\0.35&0.25\end{pmatrix},\ \boldsymbol{b}=\begin{pmatrix}300\\21\end{pmatrix}.$$

对于例 3.2

$$c^{\mathrm{T}} = (14,\,6,\,3,\,2),\ A = \begin{pmatrix} 1\,000 & 800 & 900 & 200 \\ 50 & 60 & 20 & 10 \\ 400 & 200 & 300 & 500 \end{pmatrix},\ b = \begin{pmatrix} 3\,000 \\ 55 \\ 800 \end{pmatrix}.$$

对于例 3.3，记 $x = (x_{11},\,x_{12},\,x_{13},\,x_{14},\,x_{21},\,x_{22},\,x_{23},\,x_{24})^{\mathrm{T}}$，则

$$c^{\mathrm{T}} = (21,\,25,\,7,\,15,\,51,\,30,\,37,\,18),$$

$$A = \begin{pmatrix} 1 & 1 & 1 & 1 & 0 & 0 & 0 & 0 \\ 0 & 0 & 0 & 0 & 1 & 1 & 1 & 1 \\ 1 & 0 & 0 & 0 & 1 & 0 & 0 & 0 \\ 0 & 1 & 0 & 0 & 0 & 1 & 0 & 0 \\ 0 & 0 & 1 & 0 & 0 & 0 & 1 & 0 \\ 0 & 0 & 0 & 1 & 0 & 0 & 0 & 1 \end{pmatrix},\ b = \begin{pmatrix} 2\,000 \\ 1\,100 \\ 1\,700 \\ 1\,100 \\ 200 \\ 100 \end{pmatrix}.$$

3.2　求解方法

对于一般的线性规划问题，最常用、最有效的方法是采用单纯形法求解．单纯形法最早由 George Dantzig 于 1947 年提出，被称为 20 世纪数学发展的五大定理之一．近 70 年来，虽有许多变形体已被开发，但却保持着同样的基本观念．单纯形法的基本思想：先找出可行域的一个顶点，据一定规则判别它是否为最优解；若不是，则转换到与之相邻的另一顶点，保证新的解对应的目标函数值优于前面的解；如此下去，直到找到某一最优解为止．对单纯形法我们不做具体介绍，有兴趣的读者可以参考其他线性规划书籍．这里主要介绍求解二维问题的图解法和用数学软件来求解线性规划问题．

3.2.1　图解法

图解法也称几何解法，特别适用于两个变量的简单线性规划问题，这种解法比较简单、直观．下面用一个例子说明图解法的基本步骤．

例 3.4　用图解法求解线性规划问题．

$$\max f = x_1 + 2x_2,$$

$$\mathrm{s.t.}\ \begin{cases} x_1 + 3x_2 \leqslant 3, \\ x_1 + x_2 \leqslant 2, \\ x_1 \geqslant 0,\ x_2 \geqslant 0. \end{cases}$$

解：图解法的求解步骤如下：

（1）由全部约束条件作图求出可行域．

以 x_1 为横轴，x_2 为纵轴建立直角坐标系，非负条件 $x_1 \geqslant 0$，$x_2 \geqslant 0$ 是指第一象限；其他约束条件都代表一个半平面，如约束条件 $x_1 + 3x_2 \leqslant 3$ 代表以直线 $x_1 + 3x_2 = 3$ 为边

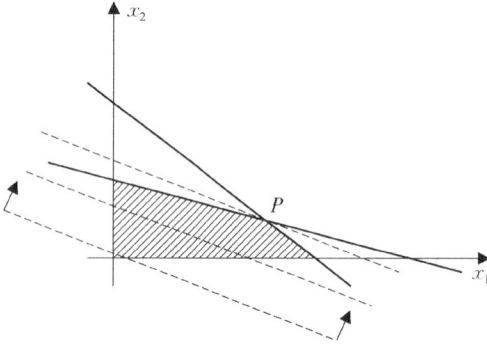

图 3-1　图解法求解线性规划

界的下半平面.

全部约束条件相应的各半平面的交集,称为线性规划问题的可行域.显然,可行域内各点都满足全部的约束条件,都可作为这个线性规划问题的解(其中包含最优解),称为可行解.图 3-1 中阴影区域即为本例的可行域.

(2) 作出一条目标函数的等值线.

在这个坐标平面上,目标函数 $f = x_1 + 2x_2$ 表示以 f 为参数, $-\dfrac{1}{2}$ 为斜率的一组平行线:

$$x_2 = -\frac{1}{2}x_1 + f$$

位于同一直线上的点,具有相同的目标函数值,因而称为等值线.一般可首先作出过坐标原点的等值线.

(3) 平移目标函数的等值线寻找最优点,得到最优解.

当 f 值由小变大时,直线

$$x_2 = -\frac{1}{2}x_1 + f$$

沿其法线方向向右上平行移动.当等值线向上移动到与可行域的边界相交,即图 3-1 中顶点 $P\left(\dfrac{3}{2}, \dfrac{1}{2}\right)$ 时,使 f 值在可行域的边界上(顶点处)达到最大.这样就得到本例的最优解 $x_1 = \dfrac{3}{2}$, $x_2 = \dfrac{1}{2}$,该直线即为临界等值线,对应的目标函数最优值为 $\max f = \dfrac{5}{2}$.

由图解法可直观地看到,当线性规划问题的可行域非空时,若它是有界的凸多边形(或凸多面体),则线性规划问题存在最优解,而且它一定在可行域的某个顶点得到;若在两个顶点同时得到最优解,则它们连线上的任一点都是最优解,即有无穷多解.

3.2.2　利用 MATLAB 求解

设线性规划问题的数学模型为

$$\min z = \boldsymbol{c}^{\mathrm{T}} \boldsymbol{x},$$

$$\text{s.t.} \quad \begin{cases} \boldsymbol{\Lambda} \boldsymbol{x} \leqslant \boldsymbol{b}, \\ \boldsymbol{Aeq} \cdot \boldsymbol{x} \leqslant \boldsymbol{beq}, \\ \boldsymbol{lb} \leqslant \boldsymbol{x} \leqslant \boldsymbol{ub}. \end{cases}$$

其中 *Aeq* 表示等号约束, *beq* 表示相应的常数项. *lb* , *ub* 分别表示决策变量 *x* 的上、下限.

MATLAB 中求解上述模型的命令如下：

$$x = \text{linprog(c, A, b, Aeq, beq, lb, ub)}.$$

注意，如果没有某种约束，则相应的系数矩阵和右端常数项为空矩阵，用 [] 代替；如果某个 x_j 下无界或上无界，可设定 lb(i) = - inf 或 ub(i) = inf；用 [x, Fval] 代替上述各命令行左边的 x，则可同时得到最优值.当求解有指定迭代初值 x0 时，求解命令如下：

$$x = \text{linprog(c, A, b, Aeq, beq, lb, ub, x0)}.$$

例 3.5　试给出例 3.1～例 3.3 的 MATLAB 程序.

解：（1）例 3.1 的 MATLAB 程序如下：

```
c=[- 80, - 90]';% 将 max 转化为 min
A=[3, 4;0.35, 0.25];
b=[300, 21]';
lb=[0, 0]';
[x, fval]= linprog(c, A, b, [], [], lb)% 没有等式约束,用[]代替 Aeq,beq
输出结果为
x=
 13.8462
 64.6154
fval=
 - 6.9231e+ 03
```

即甲、乙两种产品的产量分别为 13.846 2 t 和 64.615 4 t，可获得利润最大为 6 923.1 百元.

（2）例 3.2 的 MATLAB 程序如下：

```
c=[14, 6, 3, 2]';
A=[- 1000, - 800, - 900, - 200;-50, - 60, - 20, - 10;-400, - 200,
- 300, - 500];% 将 Ax> = b 转化为- Ax< - b
b=[- 3000;-55;-800];
lb=[0, 0, 0, 0]';
[x, fval]= linprog(c, A, b, [], [], lb)
输出结果为
x=
 0.0000
 0.0000
 3.3333
 0.0000
fval=
 10.0000
```

即在满足营养的前提下购买 3.333 3 kg 的大米，可使总费用最小为 10 元.

（3）例 3.3 的 MATLAB 程序如下：

```
c=[21, 25, 7, 15, 51, 30, 37, 18]';% 程序中的决策变量 x 为所有决策变量构
```

成的列向量，对应原问题中的 $(x_{11}, x_{12}, x_{13}, x_{14}, x_{21}, x_{22}, x_{23}, x_{24})^T$

```
Aeq=[1 1 1 1 0 0 0 0;0 0 0 0 1 1 1 1;1 0 0 0 1 0 0 0;0 1 0 0 0 1 0 0;0 0 1 0 0 0 1 0;
0 0 0 1 0 0 0 1]; beq=[2000 1100 1700 1100 200 100]';
```

35

```
lb= zeros(8, 1);
[x, fval]= linprog(c, [], [], Aeq, beq, lb)% 没有不等式约束
输出结果为
x =
  1.0e+ 03 *
  1.7000
  0.1000
  0.2000
  0.0000
  0.0000
  1.0000
  0.0000
  0.1000
fval=
  7.1400e+ 04
```

即从甲城运往 A、B、C 地的蔬菜分别为 1 700 t、100 t、200 t,乙城运往 B、D 地的蔬菜分别为 1 000 t 和 100 t 时,总运费最小为 71 400 元.

3.2.3 利用 LINGO 求解

LINGO 是美国 LINDO 系统公司开发的专门用于求解数学规划系列的软件包,其主要特色为输入模型简练直观、运行速度快、计算能力强,既能求解线性规划又能求解非线性规划问题,能方便地与 Excel、数据库等其他软件交换数据.

1. LINGO 的基本用法

在 Windows 下开始运行 LINGO 系统时,会得到一个窗口,该窗口外层是主框架窗口,包含了所有菜单命令和工具条,其他所有的窗口都将被包含在主窗口之下.在主窗口内标题为"LINGO Model - LINGO1"的窗口是 LINGO 的默认模型窗口,建立的模型都要在该窗口内编码实现.可以在该模型窗口中直接输入类似于数学公式的小型规划模型.

LINGO 的语法规定:

(1) 求目标函数的最大或最小值分别用 MIN=⋯或 MAX=⋯来表示.

(2) 每个语句必须以分号";"结束,每行可以有多个语句,语句可以跨行.

(3) 变量名必须以字母(A~Z)开头,由字母、数字(0~9)和下划线组成,长度不超过 32 个字符,不区分大小写.

(4) 可以给语句加上标号,例如[OBJ]max= 5*x1+ 10*x2.

(5) 以! 开头,以分号结束的语句是注释语句.

(6) 如果对变量的取值范围没有特殊的说明,则默认所有的决策变量都非负.

(7) LINGO 模型以语句"MODEL"开头,以"END"结束,对于比较简单的模型,这两个语句可以省略.在 LINGO 中所有的函数均以"@"符号开始,函数中变量的界定如下:

@ GIN(X):限制 X 为整数;

@ BIN(X):限定变量 X 为 0 或 1;

@ FREE(X):取消对 X 的符号限制(即可取任意实数包括负数);

@BND(L,X,U):限制 L<＝X<＝U.

例 3.6　如何在 LINGO 中求解如下线性规划问题:

$$\min \quad 2x_1 + 3x_2,$$
$$\text{s.t.} \quad x_1 + x_2 \geqslant 350,$$
$$x_1 \geqslant 100,$$
$$2x_1 + x_2 \leqslant 600,$$
$$x_1, x_2 \geqslant 0.$$

在模型窗口中输入如下代码:

```
min= 2*x1+ 3*x2;
x1+ x2> = 350;
x1> = 100;
2*x1+ x2< = 600;
```

由于 LINGO 默认所有决策变量都非负,所以变量是非负的条件不需要输入.模型窗口输入完成后,选菜单 Lingo|Solve(或按 Ctrl－S),或用鼠标单击"Solve"按钮,如果模型有语法错误,则弹出一个标题为"LINGO Error Message"(错误信息)的窗口,指出哪一行出错、什么错误等.改正错误后,再求解,这时会弹出一个标题为"LINGO Solver Status"(求解状态)的窗口,单击"Close"按钮关闭窗口,屏幕上会出现标题为"Solution Report"(求解报告)的信息窗口,显示优化计算的步数、优化后的目标函数值,列出各变量的计算结果.

例 3.6 的求解报告如下:

```
Global optimal solution found.
Objective value:                        800.0000
  Infeasibilities:                      0.000000
  Total solver iterations:                     2

                  Variable      Value      Reduced Cost
                       X1   250.0000          0.000000
                       X2   100.0000          0.000000

                  Row   Slack or Surplus    Dual Price
                    1        800.0000      - 1.000000
                    2        0.000000      - 4.000000
                    3        150.0000        0.000000
                    4        0.000000        1.000000
```

该报告说明:

(1) 运行时找到了全局最优解,目标函数值为 800,变量值分别为 x1＝250,x2＝100."Reduced Cost"的含义是缩减成本系数,"Row"是输入模型的行号,"Slack or Surplus"的意思是松弛或剩余,即约束条件的左边或右边的差值.对于"<＝"的不等式,右边减左边的差值称为 Slack(松弛),对于">＝"的不等式,左边减右边的差值称为 Surplus

37

（剩余）. 当约束条件的左右两边相等时, 松弛或剩余值为零. 例如上面报告中 Row2 和 Row4 对应的"Slack or Surplus"均为零, 即表示最优值点满足约束 $x_1 + x_2 = 350$ 和 $2x_1 + x_2 = 600$; 如果约束条件无法满足, 即没有可行解, 则松弛或剩余值为负.

（2）"Dual Price"是对偶价格（影子价格）, 即在约束条件右边的常量增加一个单位而使最优目标得到改进的数量. 例 3.6 的报告中 Row2 的松弛值为 0, 说明第二行的约束条件 $x_1 + x_2 \geqslant 350$ 已经饱和, 即 $x_1 + x_2 = 350$, 影子价格为 -4, 其含义: 如果不等式右边的值增加单位 1（即 350 变为 351）, 可使目标函数值减小 -4（即增大 4）. 报告中 Row3 的剩余值为 150, 说明第三行的约束条件 $x_1 \geqslant 100$ 不等式右端增加一个单位对目标函数的最优值不起作用, 故其影子价格为 0.

注意: 对偶价格有大于零、等于零和小于零几种情况, 当约束条件右边常量增加一个单位时:

① 如果对偶价格大于零, 则其最优目标函数值得到改进, 即求最大值时, 变得更大, 求最小值时, 变得更小.

② 如果对偶价格小于零, 则其最优目标函数值反而变得更坏, 即求最大值时, 变得更小, 求最小值变得更大.

③ 如果对偶价格等于零, 则其最优目标函数值不变.

LINGO 的计算结果可保存到文件中（扩展名为.lgr）, 并可将其打印出来.

2. 灵敏度分析

在求解模型时, 利用"Range"命令可产生当前模型的灵敏度分析报告:

（1）在最优解保持不变的情况下, 目标函数的系数变化范围.

（2）在对偶价格和缩减成本系数都不变的前提下, 约束条件右边的常数的变化范围.

例如对例 3.6 运行"Range"产生的灵敏度分析报告如下:

```
Ranges in which the basis is unchanged:

                        Objective Coefficient Ranges
                    Current         Allowable        Allowable
       Variable     Coefficient     Increase         Decrease
         X1         2.000000        1.000000         INFINITY
         X2         3.000000        INFINITY         1.000000

                        Righthand Side Ranges
       Row          Current         Allowable        Allowable
                    RHS             Increase         Decrease
         2          350.0000        150.0000         50.00000
         3          100.0000        150.0000         INFINITY
         4          600.0000        100.0000         150.0000
```

报告第一部分为"Objective Coefficient Ranges", 是目标函数的系数的变化范围. 第一列"Variable"为变量名称, 第二列"Current Coefficient"为（目标函数里的）当前系数, 第三、四列"Allowable Increase"和"Allowable Decrease"分别为系数允许上调和下调的界限. 对于变量 x1, 系数允许上调 1, 允许下调的范围不受限制, 因而 x1 的系数只要小于

3(2+1),最优解就保持不变;对变量 x_2,系数允许上调的范围不受限制,允许下调 1,即系数只要大于 2(3−1),最优解就保持不变.

报告第二部分为"Righthand Side Ranges",是约束条件右边常数的变化范围.第一列"Row"是行标号,第二列"Current RHS"是当前约束条件右边的常数值,第三、四列"Allowable Increase"和"Allowable Decrease"是在影子价格和缩减成本系数保持不变的前提下,约束条件右边常数允许上调和下调的界限.如例 3.6 中,第 2 行当前约束右边常数为 350,允许上调 150,下调 50,即为区间(300,500).

例 3.7　某公司饲养实验用的动物以出售给动物研究所,已知这些动物的生长对饲料中 3 种营养成分(蛋白质、矿物质和维生素)特别敏感,每个动物每周至少需要蛋白质 60 g,矿物质 3 g,维生素 8 mg.该公司能买到 5 种不同的饲料,每种饲料 1 kg 所含各种营养成分和成本如表 3−4 所示,且每个小动物每周食用饲料不超过 52 kg.

表 3−4　5 种饲料所含各种营养成分和成本

	A	B	C	D	E
蛋白质/g	0.3	2	1	0.6	1.8
矿物质/g	0.1	0.05	0.02	0.2	0.05
维生素/mg	0.05	0.1	0.02	0.2	0.08
成本/(元/kg)	0.2	0.7	0.4	0.3	0.5

(1)求使总成本最低的饲料配方.

(2)如果该动物对蛋白质的营养需求变为 59 g,但是要求动物的价格比现在的价格便宜 0.3 元,问该养殖所值不值得接受?

(3)由于市场因素的影响,B 的价格降为每千克 0.6 元,问是否要改变饲料配方?

解:设每周 5 种饲料 A~E 的需求量分别为 x_1、x_2、x_3、x_4、x_5 千克,按题意,可建立线性规划模型如下:

$$\min S = 0.2x_1 + 0.7x_2 + 0.4x_3 + 0.3x_4 + 0.5x_5,$$
$$\text{s.t.}\quad 0.3x_1 + 2x_2 + x_3 + 0.6x_4 + 1.8x_5 \geqslant 60,$$
$$0.1x_1 + 0.05x_2 + 0.02x_3 + 0.2x_4 + 0.05x_5 \geqslant 3,$$
$$0.05x_1 + 0.1x_2 + 0.02x_3 + 0.2x_4 + 0.08x_5 \geqslant 8,$$
$$x_1 + x_2 + x_3 + x_4 + x_5 \leqslant 52,$$
$$x_i \geqslant 0,\ i = 1, 2, 3, 4, 5.$$

在 LINGO 中输入下面的命令:

```
Min= 0.2*x1+ 0.7*x2+ 0.4*x3+ 0.3*x4+ 0.5*x5;
0.3*x1+ 2*x2+ x3+ 0.6*x4+ 1.8*x5> = 60;
0.1*x1+ 0.05*x2+ 0.02*x3+ 0.2*x4+ 0.05*x5> = 3;
0.05*x1+ 0.1*x2+ 0.02*x3+ 0.2*x4+ 0.08*x5> = 8;
x1+ x2+ x3+ x4+ x5< = 52;
```

输出结果如下:

```
Global optimal solution found.
Objective value:                          22.40000
Infeasibilities:                          0.000000
Total solver iterations:                         3

       Variable          Value       Reduced Cost
             X1       0.000000          0.7000000
             X2       12.00000          0.000000
             X3       0.000000          0.6166667
             X4       30.00000          0.000000
             X5       10.00000          0.000000

            Row   Slack or Surplus       Dual Price
              1       22.40000          - 1.000000
              2       0.000000          - 0.5833333
              3       4.100000          0.000000
              4       0.000000          - 4.166667
              5       0.000000          0.8833333
```

下面给出结果分析.

（1）由上述结果可知,每周每个动物的配料为饲料 B、D、E 分别为 12 kg、30 kg 和 10 kg,可使饲料成本达到最小,最小成本为 22.4 元.

（2）"Reduced Cost"表示当变量有微小变动时,目标函数的变化率.其中基变量的 reduced cost 值应为 0,对非基变量 x_j,相应的 reduced cost 值表示当变量 x_j 增加一个单位时,目标函数增加的量.这里变量 x_1 对应的 reduced cost 值为 0.7,表示当非基变量 x_1 的值从 0 变化为 1 时(此时假定其他非基变量保持不变,但为了满足约束条件,基变量显然会发生变化),最优的目标函数值为 22.4＋0.7＝23.1.

（3）"Slack or Surplus"给出松弛变量的值,可见,蛋白质和维生素刚达到最低标准,矿物质则超过最低标准 4.1 g.

（4）从"Dual Price"可得,蛋白质标准降低 1 单位可使饲养成本降低 0.583 元,这就回答了第二个问题,即使收购动物的价格便宜 0.3 元,养殖所仍是可以接受的.另外,维生素标准降低 1 单位可使饲养成本降低 4.167 元;降低矿物质的标准不会降低饲养成本;如果动物的进食量减少,就必须选取精一些的饲料但要增加成本,进食量降低 1 kg 大约可使饲养成本增加 0.88 元.

回答第三个问题,需进行灵敏度分析,结果如下.

```
Ranges in which the basis is unchanged:

                          Objective Coefficient Ranges
                   Current          Allowable        Allowable
     Variable    Coefficient        Increase         Decrease
           X1    0.2000000          INFINITY         0.7000000
           X2    0.7000000          INFINITY         0.1358974
           X3    0.4000000          INFINITY         0.6166667
           X4    0.3000000          1.400000         1.000000
           X5    0.5000000          0.1247059        INFINITY
```

Righthand Side Ranges

Row	Current RHS	Allowable Increase	Allowable Decrease
2	60.00000	4.800000	4.800000
3	3.000000	4.100000	INFINITY
4	8.000000	0.3428571	0.4800000
5	52.00000	1.846154	1.411765

可见,对于变量 x_2 来说,目标函数中原来的费用系数为 0.7,允许增加到无穷大,或者允许减少 0.136,说明当 x_2 的系数在 $[0.7-0.136,+\infty)$ 范围变化时,最优基保持不变.因此第三个问题中当 B 的价格降为每千克 0.6 元时,不需要改变饲料配方.

3.3　建模案例

例 3.8　(连续投资问题)某公司计划在今后五年内考虑给下列项目投资,已知:

项目一:从第一年到第四年年初需要投资,并于次年年末回收本利的 115%,但要求第一年投资的最低金额为 4 万元,第二、三、四年不限.

项目二:第三年年初需要投资,第五年年末能回收本利 130%,但规定最低投资金额为 2 万元,最高投资金额为 5 万元.

项目三:第二年年初需要投资,第五年年末能收回本利 145%,但规定最高投资金额不能超过 5 万元.

项目四:五年内每年年初可购买公债,于当年归还,并加利息 7%,此项投资金额不限.

该部门现有资金 12 万元,问应该如何确定给这些项目的投资额,使到第五年拥有的资金本利总额为最大?

解:确定决策变量,设 $x_{i1},x_{i2},x_{i3},x_{i4}(i=1,2,\cdots,5)$(单位:元)分别表示第 i 年年初给四个项目的投资额.根据题意,建立资金流动图(见图 3-2),箭头向上的方向表示资金回收,向下的方向表示投资.

下面建立目标函数,要求在第五年年末该部门拥有的资金额达到最大,所以目标函数是

$$\max z=1.15x_{41}+1.3x_{32}+1.45x_{23}+1.07x_{54}.$$

根据题意,由于项目四每年都可以投资,并且当年末就能收回本息,所以该部门每年应把资金全部投出去,这样每年年初的投资额都应等于上一年年末回收的资金总额,而第一年年初的投资额应等于该部门期初拥有的资金额 120 000 元.由 3-2 可得约束条件为

第一年:$x_{11}+x_{14}=120\,000$,

第二年:$x_{21}+x_{23}+x_{24}=1.07x_{14}$,

第三年:$x_{31}+x_{32}+x_{34}=1.15x_{11}+1.07x_{24}$,

项目一

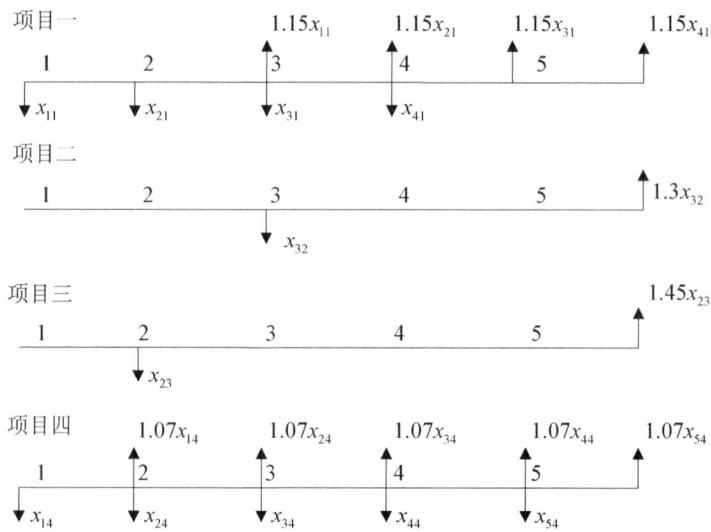

项目二

项目三

项目四

图 3-2　各项目资金流动示意

第四年：$x_{41} + x_{44} = 1.15x_{21} + 1.07x_{34}$,

第五年：$x_{54} = 1.15x_{31} + 1.07x_{44}$.

此外,由于项目投资金额的规定,所以又有约束条件：

$$x_{11} \geqslant 4\,000,$$

$$20\,000 \leqslant x_{32} \leqslant 50\,000,$$

$$x_{23} \leqslant 50\,000.$$

综上所述,可建立问题的线性规划模型如下：

$$\max z = 1.15x_{41} + 1.3x_{32} + 1.45x_{23} + 1.07x_{54}$$

$$\text{s.t.} \quad x_{11} + x_{14} = 120\,000$$

$$x_{21} + x_{23} + x_{24} - 1.07x_{14} = 0$$

$$x_{31} + x_{32} + x_{34} - 1.15x_{11} - 1.07x_{24} = 0$$

$$x_{41} + x_{44} - 1.15x_{21} - 1.07x_{34} = 0$$

$$x_{54} - 1.15x_{31} - 1.07x_{44} = 0$$

$$x_{11} \geqslant 4\,000$$

$$20\,000 \leqslant x_{32} \leqslant 50\,000$$

$$x_{23} \leqslant 50\,000$$

$$x_{ij} \geqslant 0,\ i = 1,\ 2,\ 3,\ 4,\ 5;\quad j = 1,\ 2,\ 3,\ 4.$$

LINGO 程序：

```
MODEL:
max= 1.15*x41+ 1.3*x32+ 1.45*x23+ 1.07*x54;
x11+ x14= 120000;
x21+ x23+ x24- 1.07*x14= 0;
x31+ x32+ x34- 1.15*x11- 1.07*x24= 0;
x41+ x44- 1.15*x21- 1.07*x34= 0;
x54- 1.15*x31- 1.07*x44= 0;
x11> = 40000;
x32> = 20000;
x32< = 50000;
x23< = 50000;
END
```

可得结果:

表 3 - 5　四个项目各年年初的投资金额　　　　　　　　　　　单位:元

项　　目	第一年	第二年	第三年	第四年
项目一	43 487.26	31 878.26		36 660.00
项目二			50 000.00	
项目三		50 000.00		
项目四	76 521.74			

按照表 3 - 5 的方案进行投资,第五年年末拥有的资金本利最大,为 179 659 元.

习　　题

1. 某公司从甲、乙两个产地将生产的 500 件物品运送到三个销地 A、B、C,运输每件物品的费用(单位:万元)如下,问如何调运使得总费用最小?

产地＼销地	A	B	C	产量/件
甲	6	4	6	200
乙	6	5	5	300
销量/件	150	150	200	

2. 某厂拟生产甲、乙两种产品,每件销售收入分别为 3 千元/件、2 千元/件.甲、乙两种产品都需要在 A、B 两种设备上加工,所需工时甲为:在 A 设备上 1 台时/件,在 B 设备上 2 台时/件;乙在 A 设备上为 2 台时/件,在 B 设备上为 1 台时/件.A、B 设备每月有效可使用台时数分别为 400,500.市场初期预测乙产品的销量最多不超过 150 件.

(1) 工厂如何依据初期预测安排生产,使产品销售总收入最大?

(2) 工厂依据上述预测确定甲、乙两种产品的最优生产规模后,市场销售收入发生变化,乙产品的销售收入每件仍为 2 千元/件,而甲产品的销售收入将变化,因改变生产规模需要很高的代价,试计算甲产品的销售收入变化的最小、最大限度,上述生产规模不改变,仍使产品的销售总收入最大.

3.一个合资食品企业面临某种食品一至四月的生产计划问题.四个月的需求分别为:4 500 t、3 000 t、5 500 t、4 000 t.目前(一月初)该企业有 100 个熟练工人,正常工作时每人每月可完成 40 t,每吨成本为 200 元.由于市场需求浮动较大,该企业可通过下列方法调节生产:

(1)利用加班增加生产,但加班生产产品每人每月不能超过 10 t,加班时每吨成本为 300 元.

(2)利用库存来调节生产,库存费用为 60 元/(t·月),最大库存能力为 1 000 t.

请为该企业建立一个线性规划模型,在满足需求的前提下使四个月的总费用最小.

第4章
整数规划

对于许多实际问题来说,常带有许多量具有不可分割的性质,如最优调度的车辆数、设置的销售网点数、指派工作的人数、产品的件数、机器的台数等;另外有些问题的解必须满足逻辑条件和顺序要求等一些特殊的约束条件,此时往往需要引进逻辑变量(又称0-1变量),用以表示"是"与"非".这类问题的模型均为整数规划模型.若在线性规划模型中,变量限制为整数,则称为整数线性规划.

4.1 问题引入

例 4.1 某快餐店一周中每天需要不同数目的雇员(雇员每周的工资为 800 元),经过统计,如表 4-1 所示,为了保证雇员充分休息,雇员每周工作 5 天,休息两天,并要求休息的两天是连续的,问快餐店每天聘用多少雇员才能既满足要求,又使聘用的总费用最少?

表 4-1 快餐店一周每天所需雇员人数

星　期	所需人数	星　期	所需人数
一	16	五	14
二	15	六	12
三	16	日	18
四	19		

整数规划问题模型的建立步骤和线性规划一样,仍然是三个关键因素:设立决策变量、明确决策目标、寻找限制条件,只是此时决策变量的取值要求为整数.

本例中需要决策的是每天聘用的雇员人数,设 x_j, $j=1, 2, \cdots, 7$ 分别表示周一至周日开始雇用的人数,即决策变量.决策目标是聘用的总费用最少,可以表示为

$$\min z = 800(x_1 + x_2 + x_3 + x_4 + x_5 + x_6 + x_7).$$

下面寻找限制条件,由于每个雇员需连续工作 5 天,快餐店每天聘用的人数并不是每天所需雇员的人数,还需要考虑前四天雇佣的人数,就周一来说,除了周二和周三开始工

作的雇员外,其余雇员都会在周一工作,所以周一至少应有 16 人的约束可表示为

$$x_1 + x_4 + x_5 + x_6 + x_7 \geqslant 16.$$

类似地可得周二至周日的约束条件,最后再加上 x_j,$j = 1, 2, \cdots, 7$ 为非负整数的要求,可建立如下的整数规划模型:

$$\min z = 800(x_1 + x_2 + x_3 + x_4 + x_5 + x_6 + x_7),$$

$$\text{s.t.} \quad x_1 + x_4 + x_5 + x_6 + x_7 \geqslant 16,$$
$$x_1 + x_2 + x_5 + x_6 + x_7 \geqslant 15,$$
$$x_1 + x_2 + x_3 + x_6 + x_7 \geqslant 16,$$
$$x_1 + x_2 + x_3 + x_4 + x_7 \geqslant 19,$$
$$x_1 + x_2 + x_3 + x_4 + x_5 \geqslant 14,$$
$$x_2 + x_3 + x_4 + x_5 + x_6 \geqslant 12,$$
$$x_3 + x_4 + x_5 + x_6 + x_7 \geqslant 18,$$
$$x_i \geqslant 0, \text{且为整数}, i = 1, 2, \cdots, 7.$$

例 4.2 (消防布点)某市共有 6 个区,每个区都可以建消防站.市政府希望设置的消防站最少,但必须满足在城市任何地区发生火警时,消防车要在 15 min 内赶到现场,据实地测定各区之间消防车行驶的时间如表 4-2 所示,请帮助该市制定一个最节省的计划.

表 4-2 各地区之间消防车的行驶时间表 单位:min

地 区	1	2	3	4	5	6
1	0	10	16	28	27	20
2	10	0	24	32	17	10
3	16	24	0	12	27	21
4	26	32	12	0	15	25
5	27	17	27	15	0	14
6	20	10	21	25	14	0

解: 先引入 0-1 整数变量 $x_i = 1, 2, \cdots, 6$,令

$$x_i = \begin{cases} 1, & (\text{在地区 } i \text{ 设消防站}) \\ 0, & (\text{在地区 } i \text{ 不设消防站}) \end{cases} \quad i = 1, 2, \cdots, 6,$$

目标为设置的消防站最少,即

$$\min S = \sum_{i=1}^{6} x_i.$$

本问题的约束是要保证每个地区都有一个消防站在 15 分钟行程内,由表 4-2 可以确定哪些地区的消防站在规定的行程内.如对地区 1,除了本地区外,只有地区 2 在规定的行程内,这样在地区 1、2 之间必须设立一个消防站,所以地区 1 的约束为

$$x_1 + x_2 \geqslant 1.$$

同理可依次写出每一个地区的约束,得到规划模型如下:

$$\min S = \sum_{i=1}^{6} x_i,$$

$$\text{s.t.} \quad x_1 + x_2 \geqslant 1,$$
$$x_1 + x_2 + x_6 \geqslant 1,$$
$$x_3 + x_4 \geqslant 1,$$
$$x_3 + x_4 + x_5 \geqslant 1,$$
$$x_4 + x_5 + x_6 \geqslant 1,$$
$$x_2 + x_5 + x_6 \geqslant 1,$$
$$x_i = 0 \text{ 或 } 1, i = 1, 2, \cdots, 6.$$

例 4.3 (租赁生产问题)红光服装厂可生产三种服装:西服、衬衫和羽绒服.生产不同种类的服装要使用不同的设备,红光服装厂可以从专业租赁公司租用这些设备.设备租金及其他经济参数如表 4-3 所示.假定市场需求不成问题,服装厂每月可用人工为 2 000 h,该如何安排生产可以使每月的利润最大?

表 4-3 设备租金及其他参数

服装类型	设备租金/元	生产成本/(元/件)	销售价格/(元/件)	人工工时/(h/件)	设备工时/(h/件)	设备可用工时/h
西 装	5 000	280	400	5	3	300
衬 衫	2 000	30	40	1	0.5	300
羽绒服	3 000	200	300	4	2	300

解: 本题需要两类决策变量,一类是决定是否租赁设备的决策变量,引入 0-1 变量 y_i, $i = 1, 2, 3$ 分别表示西服、衬衫和羽绒服设备的租赁情况:

$$y_i = \begin{cases} 1, & \text{(租赁 } i \text{ 类设备)} \\ 0. & \text{(不租赁 } i \text{ 类设备)} \end{cases}$$

另一类是反映三类服装产量的变量,用 $x_i (i = 1, 2, 3)$ 表示.这两类变量的关系为:如果 $x_i > 0$, y_i 应等于 1;若 $y_i = 0$,那么 x_i 也必须为 0,表示不租设备就不能进行生产的逻辑关系.

综上所述,x_1, y_1 应满足的关系式为

$$3x_1 \leqslant 300y_1.$$

这个约束既反映各设备工时的约束,又反映租赁设备和服装生产之间逻辑关系的约束.同理可得其他的约束式.再来考虑问题的目标函数,即利润 S,利润应为三类服装的利润(销售价减成本价)扣除租赁设备的费用,即

$$S = 120x_1 + 10x_2 + 100x_3 - 5\,000y_1 - 2\,000y_2 - 3\,000y_3.$$

可建立问题的数学模型为

$$\max S = 120x_1 + 10x_2 + 100x_3 - 5\,000y_1 - 2\,000y_2 - 3\,000y_3,$$
$$\text{s.t.} \quad 5x_1 + x_2 + 4x_3 \leqslant 2\,000,$$
$$3x_1 \leqslant 300y_1,$$
$$0.5x_2 \leqslant 300y_2,$$
$$2x_3 \leqslant 300y_3,$$
$$x_j \geqslant 0 \text{ 为整数}, j = 1, 2, 3,$$
$$y_i = 0 \text{ 或 } 1, i = 1, 2, 3.$$

对于整数线性规划模型大致可分为三类:

(1) 变量全限制为整数时,称为**纯(完全)整数线性规划**.

(2) 变量部分限制为整数时,称为**混合整数线性规划**.

(3) 变量只能取 0 或 1 时,称为 **0 - 1 整数线性规划**.

不考虑整数条件,由余下的目标函数和约束条件构成的规划问题称为原整数规划的松弛问题.

4.2 求解方法

4.2.1 分枝定界法

整数线性规划怎么求解? 一个直观的想法是考虑对应的松弛问题,松弛问题的最优解可能是分数或小数,为满足整数解的要求,似乎可以把已得到的带有分数或小数的解"舍入化整".这种方法可行吗?

例 4.4 设整数规划问题如下:

$$\max Z = x_1 + x_2, \qquad\qquad \max Z = x_1 + x_2,$$
$$\text{s.t.} \begin{cases} 14x_1 + 9x_2 \leqslant 51, \\ -6x_1 + 3x_2 \leqslant 1, \\ x_1, x_2 \geqslant 0 \text{ 且为整数}, \end{cases} \xrightarrow{\text{松弛}} \text{s.t.} \begin{cases} 14x_1 + 9x_2 \leqslant 51, \\ -6x_1 + 3x_2 \leqslant 1, \\ x_1, x_2 \geqslant 0. \end{cases}$$

求解松弛问题可得最优解为: $x_1 = 3/2$, $x_2 = 10/3$, 且有 $Z = 29/6$. 现求整数最优解: 若用舍入取整法可得到 4 个点,即 $(1, 3)$, $(2, 3)$, $(1, 4)$, $(2, 4)$,它们显然都不可能是原整数规划的最优解.

由例 4.4 可知,将线性规划的最优解经过"化整"来解原整数线性规划是最容易想到的,但常常得不到整数线性规划的最优解.

整数线性规划解的特点:

(1) 设松弛问题有最优解,当自变量限制为整数后,其整数规划解会出现下述情况:

① 松弛问题的最优解全是整数,则整数线性规划最优解与松弛问题的最优解一致.

② 整数线性规划无可行解.

③ 有可行解(当然就存在最优解),但最优解值一定不会优于松弛问题的最优值.

(2) 整数规划最优解不能按照实数最优解简单取整而获得.

求解整数规划问题比线性规划问题困难得多,迄今为止,求解整数规划问题尚无统一有效的算法.1958 年,R. E. Gomory 创立了求解一般线性整数规划的割平面法;1960 年,A. H. Land 和 A. G. Doig 首先对旅行售货商问题提出了一个分解算法,紧接着,E. Balas 等人将其发展成解决一般线性规划的分枝定界法;之后又有人对特殊整数规划提出相应算法,如求解 0 - 1 整数规划的隐枚举法和分配问题的匈牙利方法等.这里主要介绍常用的求解整数规划的分枝定界法.

求解整数线性规划时,最容易想到的方法就是穷举所有可行的整数解,然后比较它们的目标函数值,从而确定最优解.但对于大型问题,可行的整数组合数会很大.显然,穷举法是不可取的.应寻找仅检查可行的整数组合的一部分,就能定出最优整数解的方法,分枝定界法就是其中之一.

分枝定界法可用于解纯整数或混合整数线性规划,它的基本思想是将要求解的整数规划问题逐步通过设置某些决策变量的范围分解成若干个子问题,每个子问题再利用去掉整数约束得到松弛的子问题.下面举例说明分枝定界法的基本步骤.

例 4.5　求解下述整数规划

$$\max Z = x_1 + 5x_2,$$

$$\text{s.t.} \begin{cases} x_1 - x_2 \geqslant -2, \\ 5x_1 + 6x_2 \leqslant 30, \\ x_1 \leqslant 4, \\ x_1, x_2 \geqslant 0 \text{ 且全为整数}. \end{cases}$$

解：这里将要求解的整数规划问题记为问题 IP,将与它相应的去掉整数约束的线性规划问题记为问题 LP.

$$\max Z = x_1 + 5x_2,$$

$$\text{s.t.} \begin{cases} x_1 - x_2 \geqslant -2, \\ 5x_1 + 6x_2 \leqslant 30, \\ x_1 \leqslant 4, \\ x_1, x_2 \geqslant 0. \end{cases}$$

(1) 先求解一般线性规划问题 LP,得最优解为

$$x_1 = 18/11 \approx 1.64, \ x_2 = 40/11 \approx 3.64, \ Z^{(0)} = 218/11 \approx 19.8.$$

可见它不符合整数条件.这时 $Z^{(0)}$ 是原问题 IP 的最优目标函数值 Z^* 的上界,记作 $\bar{Z}$. 而 $x_1 = 0, x_2 = 0$ 显然是原问题 IP 的一个整数可行解,对应的目标值 $Z = 0$,是 Z^* 的一个下界,记作 $\underline{Z}$,即 $0 \leqslant Z^* \leqslant 218/11$.

（2）因为 x_1，x_2 当前均为非整数，故不满足整数要求，任选一个进行分枝.设选 x_1 进行分枝：$x_1 \leqslant [1.64] = 1$，$x_1 \geqslant [1.64] + 1 = 2$，将 LP 分成如下两个子问题 LP1 和 LP2：

$$\max Z = x_1 + 5x_2, \qquad\qquad \max Z = x_1 + 5x_2,$$

$$\text{s.t.} \begin{cases} x_1 - x_2 \geqslant -2, \\ 5x_1 + 6x_2 \leqslant 30, \\ x_1 \leqslant 4, \\ x_1 \leqslant 1, \\ x_1, x_2 \geqslant 0, \end{cases} \qquad \text{s.t.} \begin{cases} x_1 - x_2 \geqslant -2, \\ 5x_1 + 6x_2 \leqslant 30, \\ x_1 \leqslant 4, \\ x_1 \geqslant 2, \\ x_1, x_2 \geqslant 0. \end{cases}$$

问题 LP1：最优解：$x_1 = 1$，$x_2 = 3$，$Z^{(1)} = 16$，此分枝已找到整数解，停止计算.问题 LP2：最优解：$x_1 = 2$，$x_2 = 10/3$，$Z^{(2)} = 56/3 \approx 18.67$.

再定界：$16 \leqslant Z^* \leqslant 18.67$.由于 $Z^{(1)} < Z^{(2)}$，原问题可能有比 16 更大的整数解，由于 LP2 的解 x_2 不是整数，故利用 x_2 再进行分枝.

（3）对问题 LP2 再选 x_2 进行分枝：$x_2 \leqslant 3$，$x_2 \geqslant 4$，得出问题 LP21 和 LP22：

$$\max Z = x_1 + 5x_2, \qquad\qquad \max Z = x_1 + 5x_2,$$

$$\text{s.t.} \begin{cases} x_1 - x_2 \geqslant -2, \\ 5x_1 + 6x_2 \leqslant 30, \\ x_1 \leqslant 4, \\ x_1 \geqslant 2, \\ x_2 \leqslant 3, \\ x_1, x_2 \geqslant 0, \end{cases} \qquad \text{s.t.} \begin{cases} x_1 - x_2 \geqslant -2, \\ 5x_1 + 6x_2 \leqslant 30, \\ x_1 \leqslant 4, \\ x_1 \geqslant 2, \\ x_2 \geqslant 4, \\ x_1, x_2 \geqslant 0. \end{cases}$$

LP21 的最优解：$x_1 = 2.4$，$x_2 = 3$，$Z^{(21)} = 17.4$；LP22 无可行解，不再分枝.

再定界：$16 \leqslant Z^* \leqslant 17.4$，将 LP22 剪枝，再对 x_1 进行分枝.

（4）对问题 LP21 再选 x_1 进行分枝：$x_1 \leqslant 2$，$x_1 \geqslant 3$，得出问题 LP211 和 LP212：

$$\max Z = x_1 + 5x_2, \qquad\qquad \max Z = x_1 + 5x_2,$$

$$\text{s.t.} \begin{cases} x_1 - x_2 \geqslant -2, \\ 5x_1 + 6x_2 \leqslant 30, \\ x_1 \leqslant 4, \\ x_1 \geqslant 2, \\ x_2 \leqslant 3, \\ x_1 \leqslant 2, \\ x_1, x_2 \geqslant 0, \end{cases} \qquad \text{s.t.} \begin{cases} x_1 - x_2 \geqslant -2, \\ 5x_1 + 6x_2 \leqslant 30, \\ x_1 \leqslant 4, \\ x_1 \geqslant 2, \\ x_2 \geqslant 4, \\ x_1 \geqslant 3, \\ x_1, x_2 \geqslant 0. \end{cases}$$

LP211 的最优解为 $x_1 = 2$，$x_2 = 3$，$Z^{(211)} = 17$，此枝找到整数解，停止计算；LP212 的最优解为 $x_1 = 3$，$x_2 = 2.5$，$Z^{(212)} = 15.5$，由于该枝的最优值小于已有整数解的卜界 16，故将 LP212 剪枝.再定界 $17 \leqslant Z^* \leqslant 17.4$.

于是可以断定原问题的最优解：$x_1 = 2$，$x_2 = 3$，$Z^* = 17$.以上求解过程可以用一个树形图表示（见图 4-1）：

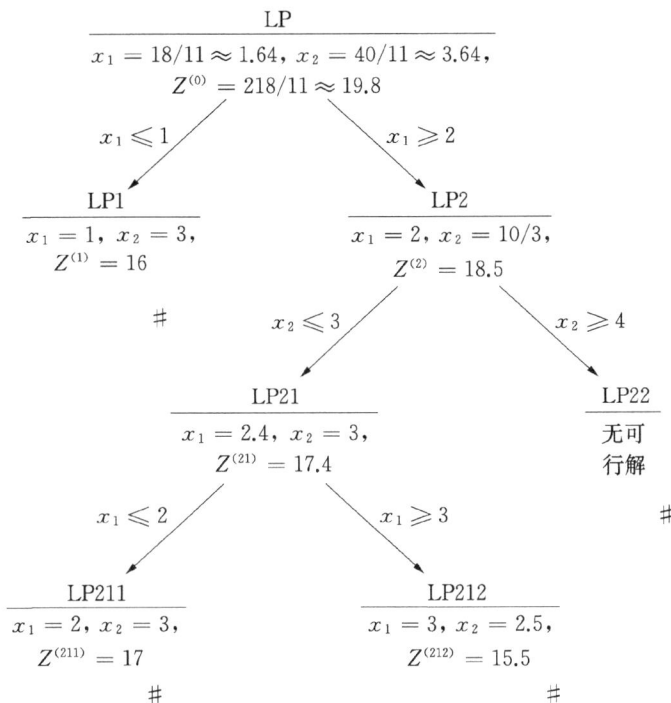

图 4-1 例 4.5 的树形图

由例 4.5 的解题过程可见,用分枝定界法求解整数规划(最大化)问题的主要步骤为:

(1) 解原问题对应的松弛问题 LP 可能得到以下情况之一:

① LP 没有可行解,这时 IP 也没有可行解,则停止;

② LP 有最优解,并符合问题 IP 的整数条件,LP 的最优解即为 IP 的最优解,则停止;

③ LP 有最优解,但不符合问题 IP 的整数条件,记它的目标函数值为 Z.

(2) 用观察法找问题 IP 的一个整数可行解,一般可取 $x_j = 0$,$j = 1, \cdots, n$,求得其目标函数值,并记作 $\underline{Z}$. 以 Z^* 表示问题 IP 的最优目标函数值,这时有

$$\underline{Z} \leqslant Z^* \leqslant \bar{Z}$$

进行迭代.

第一步:**分枝、定界**. 在 LP 的最优解中任选一个非整数解的变量 x_j,设其值为 b_j,以 $[b_j]$ 表示小于 b_j 的最大整数.在松弛问题中加上约束

$$x_j \leqslant [b_j] \quad \text{和} \quad x_j \geqslant [b_j] + 1$$

组成两个后继规划问题,称为分枝,记为 LP1 和 LP2,并求解这两个问题.显然问题 IP 的最优解一定在某个子问题中.

每解完一对分枝后,都要修改上界 $\bar{Z}$,在所有未被分枝的问题中找出最优目标函数值的最大者作为新的上界,在分枝定界法的整个过程中上界的值不断减少;每求出一次符合整数条件的可行解时,都要修改下界 $\underline{Z}$,在所有符合条件的各分枝中,找出目标函数最大者为新的下界,在分枝定界法的整个过程中下界的值不断增大.

第二步：**比较与剪枝.** 若分枝无可行解(树叶),则剪掉该分枝;若分枝的最优目标函数值小于 $\underline{Z}$,剪掉该分枝(枯枝);若分枝的最优目标函数值大于 $\underline{Z}$ 且不符合整数条件,则继续分枝,重复第一步,一直到最后得到 $\underline{Z}=\bar{Z}$ 为止,得最优整数解 x_j^*, $j=1,\cdots,n$.

注：继续分枝时,先对目标函数值较大的那枝进行分枝求解.将目标函数值较差的那一枝暂且放下,待目标函数值较优的那枝全部分解到不能再分解,再考虑目标函数值较差的那枝.

4.2.2 利用 MATLAB 求解

在 MATLAB2014a 及以后版本中,提供了求解整数规划的 intlinprog() 函数,其常见调用格式与 linprog() 函数类似,只是增加了一个参数 intcon.

MATLAB 中整数线性规划的标准形式为

$$\min z = \boldsymbol{c}^{\mathrm{T}}\boldsymbol{x}$$

$$\text{s.t.} \begin{cases} \boldsymbol{Ax} \leqslant \boldsymbol{b} \\ \boldsymbol{Aeq} \cdot \boldsymbol{x} = \boldsymbol{beq} \\ \boldsymbol{lb} \leqslant \boldsymbol{x} \leqslant \boldsymbol{ub} \\ \boldsymbol{x}(\text{intcon}) \text{ 为整数} \end{cases}$$

其中参数 intcon 表示 x 中是整数变量的下标集.MATLAB 求解上述模型的命令如下：

```
x = intlinprog(c, intcon, A, b, Aeq, beq, lb, ub)
```

此外,MATLAB 早期的版本中有专门求解 $0-1$ 整数线性规划的函数为 bintprog(),调用格式为

```
x = bintprog(c, A, b, Aeq, beq, lb, ub)
```

例 4.6 (指派问题或分派问题)人事部门将安排甲、乙、丙、丁四人到 A、B、C、D 四个不同的岗位工作,每个岗位一个人.经考核四人在不同岗位的成绩(百分制)如表 4-4 所示,如何安排他们的工作使总成绩最好.

表 4-4 四人在不同岗位的成绩

岗位 人员	A	B	C	D
甲	85	92	73	90
乙	95	87	78	95
丙	82	83	79	90
丁	86	90	80	88

解： 设

$$x_{ij} = \begin{cases} 1, & \text{(分配第 } i \text{ 个人做 } j \text{ 工作)} \\ 0. & \text{(不分配第 } i \text{ 个人做 } j \text{ 工作)} \end{cases} \quad i, j = 1, 2, 3, 4$$

这里有两类约束条件,每人做一项工作,表示为 $\sum\limits_{j=1}^{4} x_{ij} = 1$, $i=1$, 2, 3, 4, 每个工作只能安排一个人,表示为 $\sum\limits_{i=1}^{4} x_{ij} = 1$, $j=1$, 2, 3, 4. 这样建立问题的数学模型如下:

$$\max Z = 85x_{11} + 92x_{12} + 73x_{13} + 90x_{14} + 95x_{21} + 87x_{22} + 78x_{23} + 95x_{24}$$
$$+ 82x_{31} + 83x_{32} + 79x_{33} + 90x_{34} + 86x_{41} + 90x_{42} + 80x_{43} + 88x_{44},$$

$$\text{s.t.} \quad x_{11} + x_{12} + x_{13} + x_{14} = 1,$$
$$x_{21} + x_{22} + x_{23} + x_{24} = 1,$$
$$x_{31} + x_{32} + x_{33} + x_{34} = 1,$$
$$x_{41} + x_{42} + x_{43} + x_{44} = 1,$$
$$x_{11} + x_{21} + x_{31} + x_{41} = 1,$$
$$x_{12} + x_{22} + x_{32} + x_{42} = 1,$$
$$x_{13} + x_{23} + x_{33} + x_{43} = 1,$$
$$x_{14} + x_{24} + x_{34} + x_{44} = 1,$$
$$x_{ij} = 0 \text{ 或 } 1, \quad i, j = 1, 2, 3, 4.$$

MATLAB 程序为:

```
c= - [85 92 73 90 95 87 78 95 82 83 79 90 86 90 80 88]';
Aeq=[1 1 1 1 0 0 0 0 0 0 0 0 0 0 0 0;0 0 0 0 1 1 1 1 0 0 0 0 0 0 0 0;0 0 0 0 0 0 0
0 1 1 1 1 0 0 0 0;0 0 0 0 0 0 0 0 0 0 0 0 1 1 1 1;1 0 0 0 1 0 0 0 1 0 0 0 1 0 0 0;
0 1 0 0 0 1 0 0 0 1 0 0 0 1 0 0;0 0 1 0 0 0 1 0 0 0 1 0 0 0 1 0;0 0 0 1 0 0 0 1 0 0 0
1 0 0 0 1];
beq= ones(8, 1);
[x, fval]=bintprog(c, [], [], Aeq, beq)
```

运行后得甲去岗位 B,乙去岗位 A,丙去岗位 D,丁去岗位 C 时,总成绩最高为 357.

需要注意的是,在较新的 MATLAB 版本中,函数 bintprog( )被函数 intlinprog( )替代了,如果某个变量是 0 - 1 整数变量,只需要先声明它是整数,然后加一个上界为 1 下界为 0 的约束就可以了.

例 4.7　华进机器厂专门生产柴油机,今年前四个月收到的订单数量分别为 3 000 台、4 500 台、3 500 台、5 000 台柴油机.该厂正常生产时每月可生产柴油机 3 000 台,利用加班还可生产 1 500 台,正常生产成本为每台 5 000 元,加班生产还要追加 1 500 元成本,库存成本为每台 200 元,华进厂如何组织生产才能使生产成本最低?

解: 设 x_i 为第 i 个月正常生产的柴油机数, y_i 为第 i 个月加班生产的柴油机数, z_i 为第 i 个月月初柴油机的库存数(第一个月月初的库存数 $z_1 = 0$),如果令 d_i 为第 i 个月的需求数,则该问题的目标函数为

$$\min S = \sum_{i=1}^{4} (5\,000x_i + 6\,500y_i + 200z_i),$$

约束的一般形式为

$$x_i + y_i + z_i - z_{i+1} = d_i, \ i = 1, \ 2, \ 3, \ 4.$$

故问题的数学模型为

$$\min S = \sum_{i=1}^{4}(5\,000x_i + 6\,500y_i) + \sum_{i=2}^{4}200z_i,$$

$$\text{s.t.} \quad x_1 + y_1 - z_2 = 3\,000,$$

$$x_2 + y_2 + z_2 - z_3 = 4\,500,$$

$$x_3 + y_3 + z_3 - z_4 = 3\,500,$$

$$x_4 + y_4 + z_4 = 5\,000,$$

$$0 \leqslant x_i \leqslant 3\,000, \ x_i \text{ 为整数}, \ i = 1, \ 2, \ 3, \ 4,$$

$$0 \leqslant y_i \leqslant 1\,500, \ x_i \text{ 为整数}, \ i = 1, \ 2, \ 3, \ 4,$$

$$z_i \geqslant 0, \ z_i \text{ 为整数}, \ i = 2, \ 3, \ 4.$$

用 MATLAB 求解程序为：

```
c=[5000 5000 5000 5000 6500 6500 6500 6500 200 200 200]';
Aeq=[1 0 0 0 1 0 0 0 -1 0 0;0 1 0 0 0 1 0 0 1 -1 0;0 0 1 0 0 0 1 0 0 1 -1;0 0 0
1 0 0 0 1 0 0 1];
beq=[3000 4500 3500 5000]';
intcon=1:11;% 所有决策变量均为整数
lb=[0 0 0 0 0 0 0 0 0 0 0]';
ub=[3000 3000 3000 3000 1500 1500 1500 1500 inf inf inf]';
[x,fval]=intlinprog(c,intcon,[],[],Aeq,beq,lb,ub);
x=
        3000
        3000
        3000
        3000
           0
        1500
        1000
        1500
           0
           0
         500
fval=
     86100000
```

即四个月各月正常生产 3 000 台，加班生产的机器数依次为 0、1 500、1 000、1 500 台时
成本最少为 8 610 万元.

4.2.3 利用 LINGO 求解

与 3.2.3 小节用 LINGO 求解线性规划类似，在用 LINGO 求解整数规划时，只需在后
面加上对变量的整数约束即可.例如，变量 X1 为整数变量，用"@GIN(X1)"表示；变量 X1
为 0-1 整数变量，用"@BIN(X1)"表示.

例 4.8　给出例 4.1～例 4.3 的 LINGO 求解程序.

解: (1) 例 4.1 的 LINGO 程序:

```
min= x1+ x2+ x3+ x4+ x5+ x6+ x7;
x1+ x4+ x5+ x6+ x7> = 16;
x1+ x2+ x5+ x6+ x7> = 15;
x1+ x2+ x3+ x6+ x7> = 16;
x1+ x2+ x3+ x4+ x7> = 19;
x1+ x2+ x3+ x4+ x5> = 14;
x2+ x3+ x4+ x5+ x6> = 12;
x3+ x4+ x5+ x6+ x7> = 18;
@gin(x1);@gin(x2);@gin(x3);@gin(x4);@gin(x5);@gin(x6);
@gin(x7);
```

选菜单 Lingo|Solve(或按 Ctrl－S),或单击"solve"按钮,可得结果如下:

```
Global optimal solution found.
Objective value:                      22.00000
Objective bound:                      22.00000
Infeasibilities:                      0.000000
 Extended solver steps:                      0
 Total solver iterations:                     6
           Variable        Value    Reduced Cost
                 X1      2.000000        1.000000
                 X2      2.000000        1.000000
                 X3      4.000000        1.000000
                 X4      3.000000        1.000000
                 X5      3.000000        1.000000
                 X6      0.000000        1.000000
                 X7      8.000000        1.000000

                Row  Slack or Surplus  Dual Price
                  1       22.00000      - 1.000000
                  2       0.000000        0.000000
                  3       0.000000        0.000000
                  4       0.000000        0.000000
                  5       0.000000        0.000000
                  6       0.000000        0.000000
                  7       0.000000        0.000000
                  8       0.000000        0.000000
```

即周一至周日开始雇佣的人数分别为 2,2,4,3,3,0,8 时总费用最少.

(2) 例 4.2 的 LINGO 程序:

```
min= x1+ x2+ x3+ x4+ x5+ x6;
x1+ x2> = 1;
x1+ x2+ x6> = 1;
x3+ x4> = 1;
x3+ x4+ x5> = 1;
x4+ x5+ x6> = 1;
x2+ x5+ x6> = 1;
@bin(x1);@bin(x2);@bin(x3);@bin(x4);@bin(x5);@bin(x6);
```

运行结果为

```
Global optimal solution found.
Objective value:                        2.000000
Objective bound:                        2.000000
Infeasibilities:                        0.000000
Extended solver steps:                         0
Total solver iterations:                       0
```

Variable	Value	Reduced Cost
X1	0.000000	1.000000
X2	1.000000	1.000000
X3	0.000000	1.000000
X4	1.000000	1.000000
X5	0.000000	1.000000
X6	0.000000	1.000000

Row	Slack or Surplus	Dual Price
1	2.000000	- 1.000000
2	0.000000	0.000000
3	0.000000	0.000000
4	0.000000	0.000000
5	0.000000	0.000000
6	0.000000	0.000000
7	0.000000	0.000000

即分别在 2 区和 4 区建消防站,共建两个可满足需求.

（3）例 4.3 的 LINGO 程序：

```
max= 120*x1+ 10*x2+ 100*x3- 5000*y1- 2000*y2- 3000*y3;
3*x1- 300*y1< = 0;
0.5*x2- 300*y2< = 0;
2*x3- 300*y3< = 0;
5*x1+ x2+ 4*x3< = 2000;
@gin(x1);@gin(x2);@gin(x3);@bin(y1);@bin(y2);@bin(y3);
```

运行结果为

```
Global optimal solution found.
Objective value:                        23000.00
Objective bound:                        23000.00
Infeasibilities:                        0.000000
Extended solver steps:                         0
Total solver iterations:                       0
```

Variable	Value	Reduced Cost
X1	100.0000	- 120.0000
X2	600.0000	- 10.00000
X3	150.0000	- 100.0000
Y1	1.000000	5000.000
Y2	1.000000	2000.000
Y3	1.000000	3000.000

```
        Row         Slack or Surplus        Dual Price
        1           23000.00                1.000000
        2           0.000000                0.000000
        3           0.000000                0.000000
        4           0.000000                0.000000
```

即三种设备都租用,且三种服装生产的件数分别为 $100, 600, 150$ 时,总利润最大为 23 000 元.

4.3 建模案例

例 4.9 有 7 种规格的包装箱要装到两辆铁路平板车上去.包装箱的宽和高是一样的,但厚度 t(以 cm 计)及重量 m(以 kg 计)是不同的.表 4-5 给出了每种包装箱的厚度、重量以及数量.每辆平板车有 10.2 m 长的地方可用来装包装箱(像面包片那样),载重为 40 t.由于地区货运的限制,对 C_5、C_6、C_7 类的包装箱的总数有一个特别的限制:这类箱子所占的空间(厚度)不能超过 302.7 cm.试设计一种装车方案,使两辆车的总载重量最大.

表 4-5　各种包装箱的厚度、重量及数量

包装箱类型	C_1	C_2	C_3	C_4	C_5	C_6	C_7
件数	8	7	9	6	6	4	8
t /cm	48.7	52.0	61.3	72.0	48.7	52.0	64.0
m /kg	2 000	3 000	1 000	500	4 000	2 000	1 000

1. 模型假设

(1) 各个货物装在车上的概率相同,相互之间的排放不存在关联性.

(2) 在该平板车装载的过程中不考虑各个货物的厚度及重量的误差,均为题中所给的准确数值.

(3) 各个货物之间排列时靠在一起,忽略其中的间隙及因搬动等带来的一些空隙.

2. 符号说明

对 $i = 1, 2, \cdots, 7$

c_{ti} 表示第 C_i 种规格的包装箱的厚度;

c_{wi} 表示第 C_i 种规格的包装箱的重量;

N_i 表示第 C_i 种规格的包装箱的总件数;

x_i 表示在第一辆车上装载 C_i 种包装箱的个数;

y_i 表示在第二辆车上装载 C_i 种包装箱的个数;

S 总载重量.

3. 模型建立

我们的目标是使两辆车的总载重最大,为此可建立数学模型为

$$\max S = \sum_{i=1}^{7}(x_i + y_i)m_{ti}.$$

$$\text{s.t.} \quad \sum_{i=1}^{7}c_{ti}x_i \leqslant 1\,020 \quad \text{（平板车一的长度限制）}$$

$$\sum_{i=1}^{7}c_{ti}y_i \leqslant 1\,020 \quad \text{（平板车二的长度限制）}$$

$$\sum_{i=1}^{7}c_{mi}x_i \leqslant 40 \quad \text{（平板车一的载重限制）}$$

$$\sum_{i=1}^{7}c_{mi}y_i \leqslant 40 \quad \text{（平板车二的载重限制）}$$

$$\sum_{i=5}^{7}c_{ti}(x_i + y_i) \leqslant 302.7 \quad \text{（特殊限制）}$$

$$x_i + y_i \leqslant N_i \quad \text{（各类包装箱的件数限制）}$$

$$x_i \geqslant 0,\ y_i \geqslant 0 \text{ 为整数}$$

这是一个整数线性规划,下面给出 LINGO 程序:

```
max= 2*x1+ 3*x2+ x3+ 0.5*x4+ 4*x5+ 2*x6+ x7+ 2*y1+ 3*y2+ y3+
0.5*y4+ 4*y5+ 2*y6+ y7;
    48.7*x1+ 52*x2+ 61.3*x3+ 72*x4+ 48.7*x5+ 52*x6+ 64*x7< = 1020;
    48.7*y1+ 52*y2+ 61.3*y3+ 72*y4+ 48.7*y5+ 52*y6+ 64*y7< = 1020;
    x1+ y1< = 8;
    x2+ y2< = 7;
    x3+ y3< = 9;
    x4+ y4< = 6;
    x5+ y5< = 6;
    x6+ y6< = 4;
    x7+ y7< = 8;
    48.7*x5+ 48.7*y5+ 52*x6+ 52*y6+ 64*x7+ 64*y7< = 302.7;
    2*x1+ 3*x2+ x3+ 0.5*x4+ 4*x5+ 2*x6+ x7< = 40;
    2*y1+ 3*y2+ y3+ 0.5*y4+ 4*y5+ 2*y6+ y7< = 40;
    @gin(x1);@gin(x2);@gin(x3);@gin(x4);@gin(x5);@gin(x6);
@gin(x7);
    @gin(y1);@gin(y2);@gin(y3);@gin(y4);@gin(y5);@gin(y6);
@gin(y7);
```

4. 求解结果

用 LINGO 求解得出(见表 4－6).

表 4－6　两辆车的装箱方案

装载种类	C_1	C_2	C_3	C_4	C_5	C_6	C_7	总厚度/cm	总重量/kg
第一辆车	0	1	5	5	6	0	0	1 010.7	34 500
第二辆车	8	6	4	1	0	0	0	1 018.8	38 500

需要注意的是,满足条件的装箱方案并不唯一,总载重均为 73 000 kg.当然,如果把目标函数定义为两辆平板车装运的剩余空间最小,得到的解也将不同.

习　　题

1. 某快餐店位于旅游景点,平时游客不多,而在每星期的星期六游客猛增.该快餐店雇用了 2 名正式员工,正式员工每天工作 8 h,另外的工作由临时工来担任,临时工每班工作 4 h.该快餐店每星期六从上午 11 时开始营业到下午 10 时关门.根据游客就餐情况,星期六每个营业小时所需的职工数(包括正式工和临时工)如下表所示.

时　　间	所需职工数	时　　间	所需职工数
11:00~12:00	10	17:00~18:00	7
12:00~13:00	10	18:00~19:00	12
13:00~14:00	9	19:00~20:00	12
14:00~15:00	7	20:00~21:00	8
15:00~16:00	3	21:00~22:00	7
16:00~17:00	3		

已知一名正式员工,11 点开始上班,工作 4 h,休息 1 h 后,再工作 4 h;另一名正式员工 13 点开始上班,工作 4 h,休息 1 h 后再工作 4 h.已知雇用临时工每小时的工资为 15 元.

(1) 在满足需求的条件下,如何安排临时工的班次,可使得总成本最小.

(2) 如果临时工每班的工作时间可以是 3 h,也可以是 4 h,那么应如何安排临时工的班次,这样比(1)的情况能节省多少费用?

2. 制造某种产品,需要 A、B、C 三种轴件,其规格与数量如下表所示,各类轴件都用 5.5 m 长的同一种圆钢下料,若计划生产 100 台机床,则最少需要多少根圆钢?

轴　类	规格:长度/m	每台机床需要轴件数
A	3.1	1
B	2.1	2
C	1.2	4

3. 某奶茶店拟在东、西、南三区建立门市店,有 7 个位置 A_1—A_7 可供选择.规定在东区 A_1、A_2、A_3 三个点中至多选两个,在西区 A_4、A_5 两个点中至少选一个,在南区 A_6、A_7 两个点中至少选一个.设选用各点的投资额和收益如下表所示,现设有投资总额为 30 万元.问应选择哪几个点可使年利润达到最大?

	A_1	A_2	A_3	A_4	A_5	A_6	A_7
投资额/万元	5	4	6	8	6	7	4
每年收益/万元	15	9	17	16	13	15	7

第5章
微分方程模型

微分方程是包含连续变化的自变量、未知函数及其变化率的方程式,当研究对象涉及某个过程或物体随时间连续变化的规律时,通常会建立微分方程模型.例如,进行人口预测时应建立包含人口数量及增长率的微分方程,研究发射火箭的高度时要建立燃料燃烧的推力所提供的火箭加速度与速度、高度关系的微分方程.因此,微分方程建模是数学建模的重要方法,微分方程建模的适用领域也比较广,它在物理学、化学、航天航空、生物医学、生态、环境、人口、考古、交通、资源利用、金融及社会科学领域都有极其广泛的应用.

5.1 问题引入

建立微分方程模型时,经常会遇到一些关键词,如"速率""增长""衰变""边际"等,这些概念常与导数有关,再结合问题所涉及的基本规律就可以得到相应的微分方程.建立微分方程模型通常采用机理分析方法,如果研究对象来自工程技术、科学研究,大多归属于力、热、光、声、电等物理领域,那么牛顿定律、热传导定律、电路原理等物理规律可能是必不可少的理论依据,而若研究对象属于人口、经济、医药、生态等非物理领域,则要具体分析该领域特有的机理,找出研究对象所遵循的规律.

一类建立微分方程模型的方法是微元法,该方法的基本思想是通过分析研究对象的有关变量在一个很短时间内的变化情况,寻求一些微元之间的关系式.

例 5.1 设一容器内原有 100 L 盐水,内含有盐 10 kg,现以 3 L/min 的速度注入浓度为 0.01 kg/L 的淡盐水,同时以 2 L/min 的速度抽出混合均匀的盐水,求容器内盐量变化的数学模型.

解:设 t(单位:min)时刻容器内的盐量为 $x(t)$ kg,考虑 t 到 $t+\mathrm{d}t$ 时间内容器中盐的变化情况,在 $\mathrm{d}t$ 时间内:

容器中盐的改变量 = 注入的盐水中所含盐量 − 抽出的盐水中所含盐量,

记容器内盐的改变量为 $\mathrm{d}x$,注入的盐水中所含盐量为 $0.01 \times 3\mathrm{d}t$,t 时刻容器内溶液的浓度为 $\dfrac{x(t)}{100+(3-2)t}$.由于 $\mathrm{d}t$ 时间很短,可以近似认为 t 到 $t+\mathrm{d}t$ 时间内容器内溶液的浓

度不变,于是抽出的盐水中所含盐量为 $\dfrac{x(t)}{100+(3-2)t}2\mathrm{d}t$,这样即可列出方程:

$$\mathrm{d}x=0.03\mathrm{d}t-\frac{2x}{100+t}\mathrm{d}t,$$

即

$$\frac{\mathrm{d}x}{\mathrm{d}t}=0.03-\frac{2x}{100+t}.$$

又因为 $t=0$ 时,容器内有盐 $10\,\mathrm{kg}$,于是得该问题的数学模型为

$$\begin{cases}\dfrac{\mathrm{d}x}{\mathrm{d}t}+\dfrac{2x}{100+t}=0.03,\\[2mm]x(0)=10.\end{cases}$$

这是一阶非齐次线性方程的初值问题,其解为

$$x(t)=0.01(100+t)+\frac{9\times10^4}{(100+t)^2}.$$

下面对该问题进行简单的讨论,由上式不难发现: t 时刻容器内溶液的浓度为

$$\frac{x(t)}{100+t}=0.01+\frac{9\times10^4}{(100+t)^3}.$$

且当 $t\to+\infty$ 时, $\dfrac{x(t)}{100+t}\to0.01$,即长时间地进行上述稀释过程,容器内盐水的浓度将趋于注入溶液的浓度.

溶液混合问题的更一般的提法:设有一谷器装有某种浓度的溶液 V_0,以流量 V_1 注入浓度为 C_1 的溶液(指同一种类溶液,只是浓度不同),假定溶液立即被搅匀,并以 V_2 的流量流出这种混合溶液,试建立容器中溶液浓度与时间的数学模型.

首先设容器中溶质的质量为 $x(t)$,初始质量为 x_0, $t=0$ 时溶液的体积为 V_0,在 $\mathrm{d}t$ 时间内,容器内溶质的改变量为

$$\mathrm{d}x=C_1V_1\mathrm{d}t-C_2V_2\mathrm{d}t.$$

其中 C_1 是流入溶液的浓度, C_2 为 t 时刻容器中溶液的浓度,则

$$C_2=\frac{x}{V_0+(V_1-V_2)t}.$$

于是有混合溶液的数学模型

$$\begin{cases}\dfrac{\mathrm{d}x}{\mathrm{d}t}=C_1V_1-C_2V_2,\\[2mm]x(0)=x_0.\end{cases}$$

该模型不仅适用于液体的混合,也适用于讨论气体的混合.

例 5.2 （GDP 预测问题）1998 年我国的国内生产总值为 84 402.3 亿元,假如我国能保持每年 9.5% 左右的相对增长率,到 2020 年我国的 GDP 约为多少?

解：记 $t=0$ 代表 1998 年,并设第 t 年我国的 GDP 为 $P(t)$. 由题意知,从 1998 年起, $P(t)$ 的相对增长率为 9.5%,易得如下初值问题:

$$\begin{cases} \dfrac{\mathrm{d}P(t)}{\mathrm{d}t} = 0.095 P(t), \\ P(0) = 84\,402.3. \end{cases}$$

分离变量,两边同时积分,代入初值得

$$P(t) = 84\,402.3\mathrm{e}^{0.095t}.$$

所以从 1998 年起第 t 年我国的 GDP 为 $P(t)$,将 $t=22$ 代入,得到 2020 年我国 GDP 的预测值为 $P(22) \approx 682\,390$ 亿元.

注：由于影响 GDP 增长的因素很多,每年的增长率也不可能相同,所以上述预测只是一个非常粗糙的估计.事实上,随着发展程度的不断提升,增速将逐步放缓.

例 5.3 设有一个弹簧,它的上端固定,下端挂一个质量为 m 的物体,试研究其振动规律.

解：记物体在 t 时刻的位置坐标为 $x=x(t)$,即 t 时刻物体偏离平衡位置的位移.假设:

（1）物体的平衡位置位于坐标原点,并取 x 轴的正向铅直向下(见图 5-1).物体的平衡位置指物体处于静止状态时的位置,此时作用在物体上的重力与弹性力大小相等,方向相反.

（2）在一定的初始位移 x_0 及初始速度 v_0 下物体离开平衡位置,并在平衡位置附近作没有摇摆的上下振动.

（3）在振动过程中,若受阻力作用,阻力的大小与物体速度成正比,阻力的方向总是与速度方向相反,因此阻力为 $-h\dfrac{\mathrm{d}x}{\mathrm{d}t}$, h 为阻尼系数.

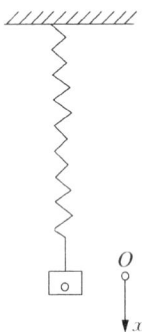

图 5-1 例 5.3 示意

（4）当质点有位移 $x(t)$ 时,假设所受的弹簧恢复力是与位移成正比的,而恢复力的方向总是指向平衡位置,也就是总与偏离平衡位置的位移方向相反,因此所受弹簧恢复力为 $-kx$,其中 k 为劲度系数.

（5）假设在振动过程中不受外力作用.

在上述假设下,根据牛顿第二定律得

$$m\frac{\mathrm{d}^2 x}{\mathrm{d}t^2} = -h\frac{\mathrm{d}x}{\mathrm{d}t} - kx, \tag{5.1}$$

初值条件为

$$x(0) = x_0, \; x'(0) = v_0,$$

这是该物体的振动方程.下面分两种情形对其振动规律进行讨论.

（1）无阻尼自由振动.假定物体在振动过程中没有阻力,此时方程(5.1)变为

$$m\frac{\mathrm{d}^2 x}{\mathrm{d}t^2} + kx = 0.$$

令 $\dfrac{k}{m} = \omega^2$,方程变为 $\dfrac{\mathrm{d}^2 x}{\mathrm{d}t^2} + \omega^2 x = 0$,通解为

$$x(t) = C_1 \sin \omega t + C_2 \cos \omega t,$$

或将其写为

$$x(t) = \sqrt{C_1^2 + C_2^2}\left[\frac{C_1}{\sqrt{C_1^2 + C_2^2}}\sin \omega t + \frac{C_2}{\sqrt{C_1^2 + C_2^2}}\cos \omega t\right] = A\sin(\omega t + \varphi).$$

其中 C_1,C_2 是积分常数,可由初值条件确定,$\sin\varphi = \dfrac{C_2}{\sqrt{C_1^2 + C_2^2}}$,$\cos\varphi = \dfrac{C_1}{\sqrt{C_1^2 + C_2^2}}$. 可

见,无阻尼自由振动的振幅 $A = \sqrt{C_1^2 + C_2^2}$ 和频率 $\omega = \sqrt{\dfrac{k}{m}}$ 均为常数.

（2）有阻尼自由振动.考虑物体所受到的阻力,此时方程(5.1)为

$$m\frac{\mathrm{d}^2 x}{\mathrm{d}t^2} + h\frac{\mathrm{d}x}{\mathrm{d}t} + kx = 0.$$

令 $\dfrac{k}{m} = \omega^2$,$\dfrac{h}{m} = 2\delta$,方程变为 $\dfrac{\mathrm{d}^2 x}{\mathrm{d}t^2} + 2\delta\dfrac{\mathrm{d}x}{\mathrm{d}t} + \omega^2 x = 0$,它的解又分为三种情形:

① 大阻尼情形,即 $\delta > \omega$,通解为

$$x(t) = C_1 \mathrm{e}^{(-\delta + \sqrt{\delta^2 - \omega^2})t} + C_2 \mathrm{e}^{(-\delta + \sqrt{\delta^2 - \omega^2})t}.$$

② 临界阻尼情形,即 $\delta = \omega$,通解为

$$x = (C_1 + C_2 t)\mathrm{e}^{-\delta t}.$$

这两种情形,由于阻尼比较大,故不发生振动.当有一初始扰动以后,物体慢慢回到平衡位置,位移随时间 t 的变化规律分别如图 5-2 和图 5-3 所示.

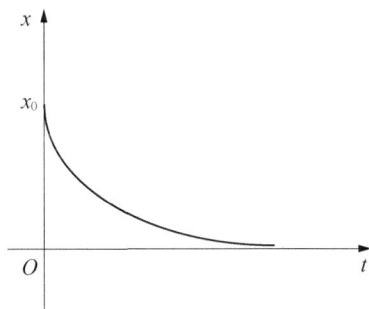

图 5-2　大阻尼情形的位移曲线

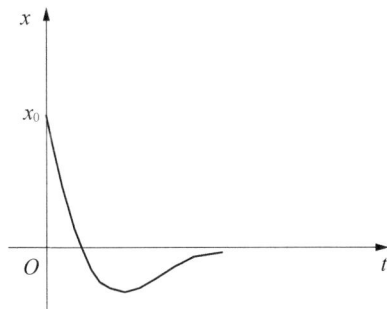

图 5-3　临界阻尼情形的位移曲线

③ 小阻尼情形,即 $\delta < \omega$,通解为

$$x(t) = e^{-\delta t}(C_1 \sin\sqrt{\omega^2 - \delta^2}\, t + C_2 \sin\sqrt{\omega^2 - \delta^2}\, t),$$

将其简化为

$$x(t) = A e^{-\delta t} \sin\left(\sqrt{\omega^2 - \delta^2}\, t + \varphi\right).$$

其中

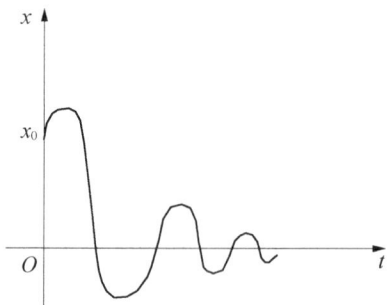

图 5 - 4　小阻尼情形的位移曲线

$$A = \sqrt{C_1^2 + C_2^2}, \ \sin\varphi = \frac{C_2}{\sqrt{C_1^2 + C_2^2}},$$

$$\cos\varphi = \frac{C_1}{\sqrt{C_1^2 + C_2^2}},$$

振幅 $A e^{-\delta t}$ 随时间 t 的增加而减小,因此这是一种衰减振动,位移随时间 t 的变化规律如图 5 - 4 所示.

5.2　求解方法

5.2.1　数值解法

高等数学课程中介绍了一些特殊微分方程的解析解法,然而大量的微分方程由于过于复杂往往难以求出解析解.此时可以依靠数值解法求得微分方程的近似解.考虑一阶常微分方程的初值问题:

$$\begin{cases} \dfrac{\mathrm{d}y}{\mathrm{d}x} = f(x, y), \\ y(x_0) = y_0. \end{cases} \tag{5.2}$$

式中 $f(x, y)$ 关于 y 满足 Lipschitz 条件,保证式(5.2)的解存在且唯一.

将上述问题在区间 $[a, b]$ 上的精确解记为 $y(x)$,数值方法的基本思想:在解的存在区间上取 $n+1$ 个节点

$$a = x_0 < x_1 < x_2 < \cdots < x_n = b.$$

这里记 $h_i = x_{i+1} - x_i$,$i = 0, 1, \cdots, n-1$,称为由 x_i 到 x_{i+1} 的步长.这些 h_i 可以不相等,但一般取成相等的,这时 $h = \dfrac{b-a}{n}$.在这些节点上采用离散化方法(通常用数值积分、微分,泰勒展开等)将初值问题(5.2)化为关于离散变量的相应问题.把这个相应问题的解 y_n 作为 $y(x_n)$ 的近似值,这样求得的 y_n 就是上述初值问题在节点 x_n 上的数值解.一般说来,不同的离散化导出不同的方法,欧拉法是解初值问题最简单的数值方法.

对式(5.2)积分可得

$$y(x) = y_0 + \int_{x_0}^{x} f(t, y(t)) \mathrm{d}t. \qquad (5.3)$$

当 $x = x_1$ 时,

$$y(x_1) = y_0 + \int_{x_0}^{x_1} f(t, y(t)) \mathrm{d}t. \qquad (5.4)$$

要得到 $y(x_1)$ 的值,就必须计算出式(5.4)右端的积分.但积分式中含有未知函数,无法直接计算,只好借助于数值积分.若用矩形法进行数值积分,则

$$\int_{x_0}^{x_1} f(t, y(t)) \mathrm{d}t \approx f(x_0, y(x_0))(x_1 - x_0).$$

因此有

$$y(x_1) \approx y_0 + f(x_0, y(x_0))(x_1 - x_0)$$
$$= y_0 + h f(x_0, y_0) = y_1.$$

利用 y_1 及 $f(x_1, y_1)$ 又可以算出 $y(x_2)$ 的近似值

$$y_2 = y_1 + h f(x_1, y_1).$$

一般地,在点 $x_{n+1} = (n+1)h$ 处 $y(x_{n+1})$ 的近似值由下式给出:

$$y_{n+1} = y_n + h f(x_n, y_n). \qquad (5.5)$$

式中 h 为步长,式(5.5)也称为**显式欧拉公式**.一般而言,欧拉方法计算简便,但计算精度低,收敛速度慢.若用梯形公式计算式(5.4)右端的积分,则可望得到较高的精度.这时

$$\int_{x_0}^{x_1} f(x, y(x)) \mathrm{d}x \approx \frac{1}{2} \big[f(x_0, y(x_0)) + f(x_1, y(x_1)) \big] (x_1 - x_0).$$

将这个结果代入式(5.4),并将其中的 $y(x_1)$ 用 y_1 近似代替,则得

$$y_1 = y_0 + \frac{1}{2} h \big[f(x_0, y_0) + f(x_1, y_1) \big].$$

这里得到了一个含有 y_1 的方程式,如果能从中解出 y_1,用它作为 $y(x_1)$ 的近似值,可以认为比用欧拉法得出的结果要好些.仿照求 y_1 的方法,可以逐个地求出 y_2, y_3, $\cdots$. 一般地,当求出 y_n 以后,要求 y_{n+1},可归结为解方程

$$y_{n+1} = y_n + \frac{h}{2} \big[f(x_n, y_n) + f(x_{n+1}, y_{n+1}) \big]. \qquad (5.6)$$

这个方法称为梯形法则,式(5.6)也称为**梯形公式**.

欧拉法是一种显式算法,其计算量小,但精度很低;梯形法虽提高了精度,但它是一种隐式算法,需要迭代求解,计算量大.为此,在实际计算时,可将欧拉法与梯形法则相结合,综合使用这两种方法,先用欧拉方法求得一个初始近似值,再用梯形公式迭代一步进行校正,计算公式为

$$\begin{cases} \bar{y}_{n+1} = y_n + hf(x_n, y_n), \\ y_{n+1} = y_n + \dfrac{h}{2}\big[f(x_n, y_n) + f(x_{n+1}, \bar{y}_{n+1})\big]. \end{cases} \tag{5.7}$$

先用欧拉法由 (x_n, y_n) 得出 $y(x_{n+1})$ 的初始近似值 $\bar{y}_{n+1}$,称为预报值;再用式(5.7)中第二式进行计算得到校正值 y_{n+1},这个方法称为**改进的欧拉方法**,通常把式(5.7)称为预报校正公式,其中第一式为预报公式,第二式为校正公式.由于式(5.7)也是显式公式,所以采用改进欧拉方法不仅计算方便,而且精度较高、收敛速度快,是常用的方法之一.此外,常用的方法还有二阶、四阶龙格-库塔法和线性多步法等.

5.2.2 利用 MATLAB 求解

1. 解析解

MATLAB 中求微分方程解析解的命令如下:

```
dsolve('方程1','方程2',…,'方程n','初始条件','自变量')
```

注:在表述微分方程时,用字母 D 表示求导数,D2,D3 等分别表示求二阶、三阶导数. D 后面所跟的字母为因变量,自变量可以指定或由系统规则选定为缺省.例如,微分方程 $\dfrac{\mathrm{d}^2 y}{\mathrm{d}x^2} = 0$ 表示为 D2y = 0.

例 5.4 求微分方程 $\dfrac{\mathrm{d}y}{\mathrm{d}t} = ay + b$ 的通解.

解:在 MATLAB 命令窗口中输入

```
dsolve('Dy= ay+ b','t')
ans=
 - (b- C*exp(a*t))/a
```

即 $y(t) = -\dfrac{b}{a} + C\mathrm{e}^{at}$.

例 5.5 求微分方程 $\begin{cases} \dfrac{\mathrm{d}^2 y}{\mathrm{d}x^2} = \sin(2x) - y, \\ y(0) = 0, \ y'(0) = 1 \end{cases}$ 的特解.

解:在 MATLAB 命令窗口中输入

```
y= dsolve('D2y= sin(2*x)- y','y(0)= 0,Dy(0)= 1','x')
ans=
(5*sin(x))/3- sin(2*x)/3
```

即 $y(x) = \dfrac{5\sin x}{3} - \dfrac{\sin(2x)}{3}$.

例 5.6 求微分方程组的解 $\begin{cases} \dfrac{\mathrm{d}f}{\mathrm{d}t} = f + g, \\ \dfrac{\mathrm{d}g}{\mathrm{d}t} = g - f, \\ f(0) = 1, \ g(0) = 1. \end{cases}$

解： 输入命令

```
[f,g]= dsolve('Df= f+ g','Dg= g- f','f(0)= 1','g(0)= 1''t')
```

求得

```
f=
  exp(t)*cos(t) + exp(t)*sin(t)
g=
  exp(t)*cos(t) - exp(t)*sin(t)
```

即 $f = e^t \cos t + e^t \sin t$，$g = e^t \cos t - e^t \sin t$.

2. 数值解法

MATLAB 对常微分方程的数值求解是基于一阶方程进行的，通常采用龙格-库塔方法，所对应的 MATLAB 命令为 ode(odinary differential equation 的缩写)，例如 ode23、ode45、ode23s、ode23tb、ode15s、ode113 等，分别用于求解不同类型的微分方程.

MATLAB 中求解微分方程的命令如下：

```
[t,x]= solver('f',tspan,x0,options)
```

其中 solver 可取如 ode45，ode23 等函数名，f 为一阶微分方程组编写的 M 文件名，tspan 为时间矢量，可取下面两种形式：

① tspan $= [t_0, t_f]$ 时，可计算出从 t_0 到 t_f 的微分方程的解；

② tspan $= [t_0, t_1, t_2, \cdots, t_m]$ 时，可计算出这些时间点上的微分方程的解.

x_0 为微分方程的初值，options 用于设定误差限(缺省时设定相对误差 10^{-3}，绝对误差 10^{-6})，命令为 `options= odeset('reltol', rt, 'abstol', at)`，其中 rt, at 分别为设定的相对误差和绝对误差界.输出变量 x 记录着微分方程的解，t 包含相应的时间点.

下面按步骤给出用 MATLAB 求解微分方程的过程.

(1) 首先将常微分方程变换成一阶微分方程组.如对微分方程：

$$y^{(n)} = f(t, y, \dot{y}, \cdots, y^{(n-1)}),$$

若令 $y_1 = y$，$y_2 = \dot{y}$，$\cdots$，$y_n = y^{(n-1)}$，则可得到一阶微分方程组：

$$\begin{cases} y'_1 = y_2, \\ y'_2 = y_3, \\ \quad \vdots \\ y'_n = f(t, y_1, y_2, \cdots, y_n). \end{cases}$$

相应地可以确定初值：$\boldsymbol{x}(0) = [y_1(0), y_2(0), \cdots, y_n(0)]$.

(2) 将一阶微分方程组编写成 M 文件，设为 myfun(t, y).

```
function dy= myfun(t, y)
dy= [y(2);y(3); ⋯;f(t, y(1), y(2), ⋯, y(n))];
```

(3) 选取适当的求解器求解.

一般的常微分方程可以采用 ode23，ode45，ode113 等求解，这些命令各有特点，如表 5-1 所示.

表 5-1　各微分求解器的使用说明

求解器	ODE 类型	特　　　点	说　　　明
ode45	非刚性	一步算法，4、5 阶 Runge-Kutta 方法累积截断误差$(\Delta x)^3$	大部分场合的首选算法
ode23	非刚性	一步算法，2、3 阶 Runge-Kutta 方法累积截断误差$(\Delta x)^3$	使用于精度较低的情形
ode113	非刚性	多步法、Adams 算法，高低精度均可达到$10^{-3}\sim10^{-6}$	计算时间比 ode45 短
ode23t	适度刚性	采用梯形算法	适度刚性情形
ode15s	刚性	多步法、Gear's 反向数值积分，精度中等	若 ode45 失效时，可尝试使用
ode23s	刚性	一步法、2 阶 Rosebrock 算法，低精度	当精度较低时，计算时间比 ode15s 短

对于大多数场合的首选算法是 ode45；ode23 与 ode45 类似，只是精度低一些；当 ode45 计算时间太长时，可以采用 ode113 取代 ode45. ode15s 和 ode23s 则用于求解陡峭微分方程（在某些点上具有很大的导数值）.当采用前三种方法得不到满意的结果时，可尝试采用后两种方法.

例 5.7　求解微分方程

$$y' = -y + t + 1,\ y(0) = 1,$$

先求解析解，再求数值解，并进行比较.

解：先求解析解，输入命令：

```
s = dsolve('Dy= - y+ t+ 1', 'y(0)= 1', 't')
simplify(s)
```

可得解析解为 $y = t + \mathrm{e}^{-t}$.下面再求其数值解，先编写 M 文件 myfun.m.

```
function f= myfun(t, y)
f= - y+ t+ 1;
```

然后在命令窗口输入：

```
t= 0:0.01:1;
y= t+ exp(- t); plot(t, y);　% 画解析解的图形
hold on;　% 保留已经画好的图形，下面再画，两个图形画在一幅图上
[t, y]= ode45('myfun', [0, 1], 1);
plot(t, y, 'ro');　% 用红色小圈绘制数值解图形
```

结果如图 5-5 所示.

由图 5-5 可见，解析解和数值解吻合得很好.

例 5.8　（Lorenz 吸引子）求常微分方程 $\begin{cases} \dfrac{\mathrm{d}x}{\mathrm{d}t} = -10x + 10y, \\[2mm] \dfrac{\mathrm{d}y}{\mathrm{d}t} = 28x - y - xz, \\[2mm] \dfrac{\mathrm{d}z}{\mathrm{d}t} = -\dfrac{8}{3}z + xy \end{cases}$ 的数值解，初值取

$x(0) = y(0) = z(0) = 1.$

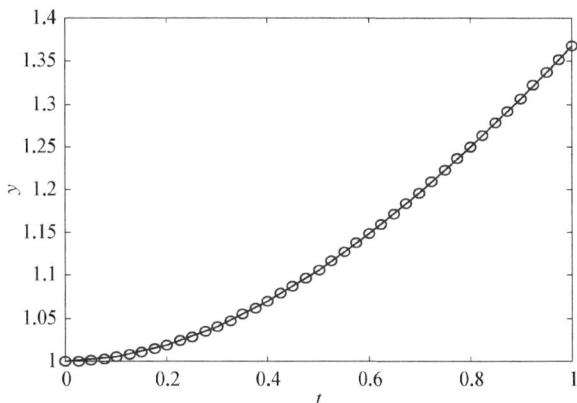

图 5 - 5 解析解与数值解的比较

解： 先建立 M 文件 Lorenzf.m：

```
% M 文件 Lorenzf.m
function f= lorenzf(t,x)
sig= 10;bet= 8/3;rho= 28;
f= [sig*(x(2)- x(1)), x(1).*(rho- x(3))- x(2), x(1).*x(2)- bet*x(3)];
f= f(:);
```

运行 MATLAB 代码

```
[t,y]= ode45('Lorenzf',[0,100],[1,1,1]);
plot3(y(:,1),y(:,2),y(:,3));
```

运行结果如图 5 - 6 所示.

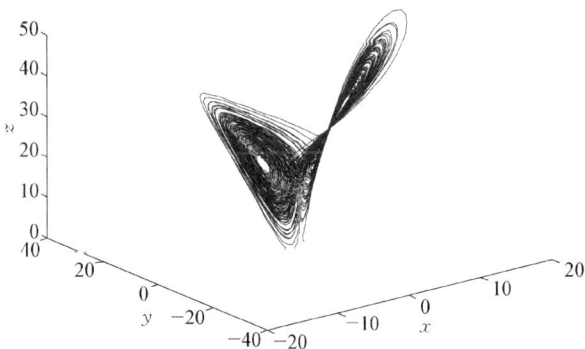

图 5 - 6 Lorenz 吸引子

5.3 学生实践案例——关于开放二孩政策上海地区的人口预测[①]

中国共产党第十八届中央委员会第五次全体会议，于 2015 年 10 月 26 日至 29 日在

[①] 本例根据上海师范大学附属中学顾秦溱的报告整理.

北京举行.全会提出,允许普遍二孩政策.促进人口均衡发展,坚持计划生育的基本国策,完善人口发展战略,全面实施一对夫妇可生育两个孩子政策,积极开展应对人口老龄化行动.

上海是一个国际化大都市,同时也是一个人口大市,特别是人口老龄化进程的加快,严重制约上海的发展.《上海市人口与计划生育条例》自 2016 年 3 月 1 日起施行,第二十三条规定,提倡取消晚婚、晚育概念,鼓励一对夫妻生育二胎.全面开放二胎政策,上海的人口数量相对一孩政策期间有较大的变化.试建立数学模型,对上海近五年和近十年的人口做出分析和预测,进一步预估上海未来的人口发展,为社会经济发展规划提供重要信息,对政策进行进一步的草拟规划,有利于上海在各个方面的发展.

1. Logistic 模型

Logistic 模型利用人口增长率来预测人口变化趋势.

(1) 模型建立.

设时刻 t 的人口总量为 $x(t)$,并将 $x(t)$ 视为连续、可微函数.记初始时刻 ($t=0$) 的人口为 x_0.假定人口的增长率为常数 r,即单位时间内 $x(t)$ 的增量等于 $rx(t)$.考虑 t 到 $t+\Delta t$ 人口的增量,则有

$$x(t+\Delta t)-x(t)=rx(t)\Delta t.$$

令 $\Delta t \to 0$,得 $x(t)$ 满足的微分方程为

$$\frac{\mathrm{d}x(t)}{\mathrm{d}t}=rx(t),\ x(0)=x_0. \tag{5.8}$$

人口的阻滞体现在对 r 的影响上,表现为 r 随着人口数量的增加而下降.不妨把人口的增长率 r 表示为人口数量的函数 $r(x)$,易见 $r(x)$ 为减函数,于是式(5.8)可写为

$$\frac{\mathrm{d}x(t)}{\mathrm{d}t}=r(x)x,\ x(0)=x_0. \tag{5.9}$$

设 $r(x)$ 是 x 的线性函数,即

$$r(x)=r-sx(r>0,\ s>0).$$

式中 r 表示人口的固有增长率.为明确参数 s 的含义,引入最大人口环境容纳量 x_m,表示在现在及未来国情下所能容纳的最大人口数量.即当 $x=x_m$ 时,人口达到最大,此时人口增长率为 0,即增长率 $r(x_m)=r-sx_m=0$,从而得到 $s=r/x_m$,于是式(5.9)可改写为

$$\begin{cases} \dfrac{\mathrm{d}x}{\mathrm{d}t}=rx\left(1-\dfrac{x}{x_m}\right), \\ x(0)=x_0. \end{cases}$$

由分离变量法解得

$$x(t)=\frac{x_m}{1+\left(\dfrac{x_m}{x_0}-1\right)\mathrm{e}^{-rt}}. \tag{5.10}$$

（2）模型求解.

从上海统计年鉴中得到上海历年人口数据（见表 5 - 2）.

表 5 - 2　上海历年人口数　　　　　　　　　　单位：万人

年　份	1998	1999	2000	2001	2002	2003	2004
人　数	1 527.00	1 567.00	1 608.60	1 668.33	1 712.97	1 765.84	1 834.98
年　份	2005	2006	2007	2008	2009	2010	2011
人　数	1 890.26	1 964.11	2 063.58	2 140.65	2 210.28	2 302.66	2 347.46
年　份	2012	2013	2014	2015	2016		
人　数	2 380.43	2 415.15	2 425.68	2 415.27	2 419.70		

将数据代入模型式（5.10）拟合，得参数值 $r = 0.290\,31$，$x_m = 2\,476.5$，进一步可得模型计算结果及预测值（见图 5 - 7）.

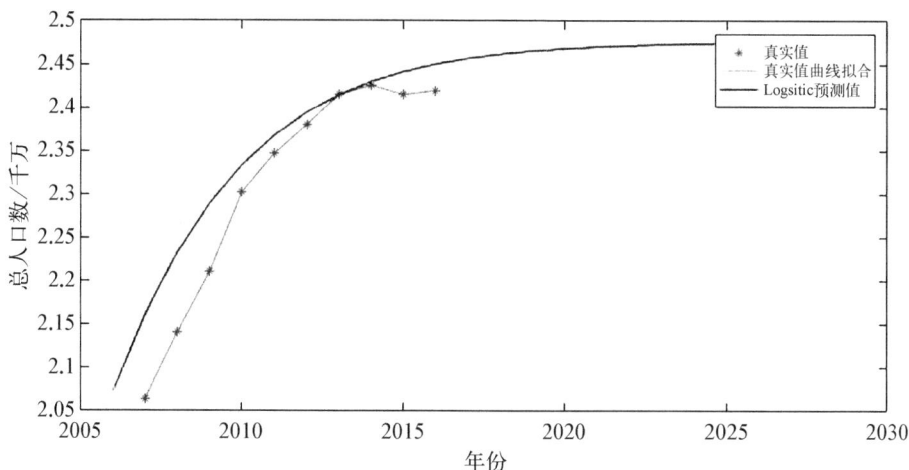

图 5 - 7　**Logistic 模型对上海市总人口的预测**

（3）模型分析.

Logistic 模型利用出生率、死亡率来预测人口变化趋势，模型简单，没有考虑生存空间等自然资源的限制和意外灾难等因素对人口变化的影响，只简单考虑生物数量对资源的依赖关系，虽然可以得出预测结果，但就放开二胎的人口变化不能给出较详细的分析.为进一步分析二胎政策对上海人口的影响，下面考虑 Leslie 模型.

2. 模型改进——Leslie 模型

（1）模型假设.

① 假设男女人口的性别比为 1∶1，因此可以仅考虑女性人口的发展变化.

② 不考虑同一时间间隔内人口数量的变化.

③ 不考虑生存空间等自然资源的制约，也不考虑意外灾难等因素对人口变化的影响.

④ 生育率和死亡率仅与年龄段有关且不随时间发生变化.

⑤ 由于只有 2010 年的人口结构数据,模型求解时假定二胎政策从 2010 年开始实施,将结果分析平推应用到 2016 年.

按照 2010 年全国第六次人口普查上海市的数据,将人口按年龄大小以每 5 岁为间隔,将 0～99 岁等分成 20 个年龄组,即 0～4 岁为第 1 个年龄组,5～9 岁为第 2 个年龄组,10～14 岁为第 3 个年龄组,……,95～99 岁为第 20 个年龄组,100 岁以上为第 21 个年龄组.

表 5-3 2010 年上海市人口结构

年　龄	分组	人口总数	女性人口数	女性人口比例/%	死亡率/%	生育率/%
0～4 岁	1	793 295	370 704	1.61	0.082 14	0.00
5～9 岁	2	632 783	292 351	1.27	0.016 05	0.00
10～14 岁	3	556 781	262 495	1.14	0.017 27	0.00
15～19 岁	4	1 121 172	545 496	2.37	0.015 55	4.08
20～24 岁	5	2 620 370	1 280 697	5.56	0.015 95	32.50
25～29 岁	6	2 571 181	1 251 559	5.44	0.018 59	57.20
30～34 岁	7	2 128 116	1 014 263	4.41	0.023 97	37.51
35～39 岁	8	1 921 297	895 519	3.89	0.037 57	11.78
40～44 岁	9	1 877 736	876 689	3.81	0.062 22	3.04
45～49 岁	10	1 800 678	843 942	3.67	0.134 93	1.22
50～54 岁	11	1 802 722	870 085	3.78	0.248 02	0.00
55～59 岁	12	1 723 410	850 526	3.69	0.350 20	0.00
60～64 岁	13	1 138 342	551 082	2.39	0.563 15	0.00
65～69 岁	14	665 353	326 626	1.42	0.972 95	0.00
70～74 岁	15	523 047	271 414	1.18	1.804 01	0.00
75～79 岁	16	555 109	306 217	1.33	3.429 63	0.00
80～84 岁	17	351 530	204 429	0.89	6.590 40	0.00
85～89 岁	18	172 942	107 596	0.47	11.860 88	0.00
90～94 岁	19	52 295	34 816	0.15	20.381 92	0.00
95～99 岁	20	10 109	7 041	0.03	30.305 20	0.00
100 岁及以上	21	928	733	0.00	52.500 00	0.00

(2) 模型建立.

将上海市女性人口按年龄大小等间隔地划分成 m 个年龄组,对时间也加以离散化,其单位与年龄组的间隔相同.时间离散化为 $t=0,1,2,\cdots$.设在时间段 t 第 i 年龄组的人口总数为 $x_i(t)$,$i=1,2,\cdots,m$,定义向量 $\boldsymbol{x}(t)=[x_1(t),x_2(t),\cdots,x_m(t)]^{\mathrm{T}}$ 为女性

人口在时刻 t 的分布情况.

设第 i 年龄组的生育率为 b_i,即单位时间第 i 年龄组的每个女性平均生育女儿的人数;第 i 年龄组的死亡率为 d_i,即单位时间第 i 年龄组女性死亡人数与总人数之比, $s_i = 1 - d_i$ 称为存活率.根据上述假设,可建立差分方程模型:

$$\begin{cases} x_1(t+1) = \sum_{i=1}^{m} b_i x_i(t), \\ x_{i+1}(t+1) = s_i x_i(t), \ i=1, 2, \cdots, m-1. \end{cases} \tag{5.11}$$

将上述方程组写成矩阵形式:

$$x(t+1) = Lx(t). \tag{5.12}$$

其中

$$L = \begin{bmatrix} b_1 & b_2 & \cdots & b_{m-1} & b_m \\ s_1 & 0 & \cdots & 0 & 0 \\ 0 & s_2 & \cdots & 0 & 0 \\ \vdots & \vdots & & \vdots & \vdots \\ 0 & 0 & 0 & s_{m-1} & 0 \end{bmatrix}. \tag{5.13}$$

称 L 为莱斯利(Leslie)矩阵. L 中的元素满足条件:

① $s_i > 0, \ i=1, 2, \cdots, m-1$;

② $b_i \geqslant 0, \ i=1, 2, \cdots, m$,且至少一个 $b_i > 0$.

假设初始时刻女性人口分布 $x(0)$,矩阵 L 通过统计以往资料得到,则对任意的 $t = 1, 2, \cdots$,有

$$x(t) = L^t x(0).$$

首先利用 2010 年的人口数据为初始值,不考虑二胎开放政策,预测未来人口结构,得 2015 年、2020 年、2025 年、2030 年人口结构如图 5-8 所示.

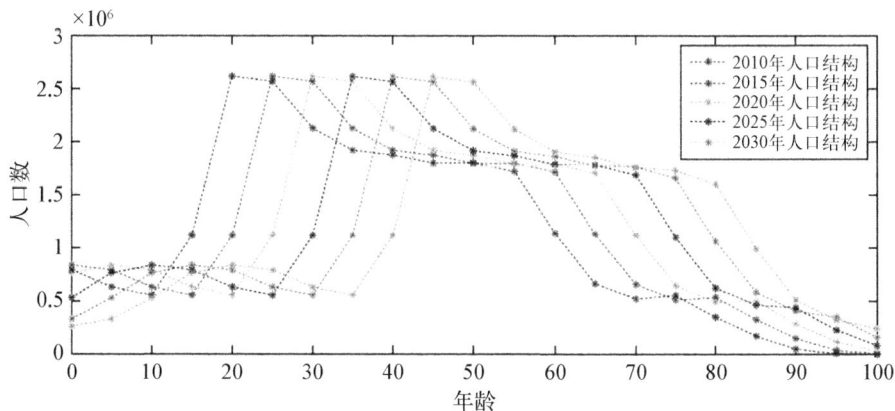

图 5-8　不考虑开放二胎的人口结构预测

由图 5-8 可知,人口结构渐渐往后推移,高峰由 2010 年到 2030 年逐渐向较高年龄推移.育龄人口(处于生育年龄的妇女,本文以 15~49 岁为妇女生育年龄)呈直线下降趋势.

"全面二胎"政策下,是否生育二孩仅取决于生育意愿,以 80% 的生育意愿计,采用文献[3]得出"全面二胎"政策下的生育率为

$$b_{i+1}(t) = 1.2b_i(t).$$

根据假设,同样利用 2010 年的人口数据为初始值,考虑二胎开放政策,预测未来人口结构,得 2015 年、2020 年、2025 年、2030 年、2035 年人口结构,如表 5-4 和图 5-9 所示.

表 5-4　开放二胎后的人口结构

年　份	2010	2015	2020	2025	2030	2035
0~4 岁	793 295	1 257 948	1 149 724	797 702.8	497 914.7	404 759.5
5~9 岁	632 783	792 643.4	1 256 915	1 148 780	797 047.6	497 505.7
10~14 岁	556 781	632 681.4	792 516.2	1 256 713	1 148 596	796 919.6
15~19 岁	1 121 172	556 684.8	632 572.2	792 379.3	1 256 496	1 148 397
20~24 岁	2 620 370	1 120 998	556 598.3	632 473.8	792 256.1	1 256 301
25~29 岁	2 571 181	2 619 952	1 120 819	556 509.5	632 372.9	792 129.7
30~34 岁	2 128 116	2 570 703	2 619 465	1 120 610	556 406	632 255.4
35~39 岁	1 921 297	2 127 606	2 570 087	2 618 837	1 120 342	556 272.7
40~44 岁	1 877 736	1 920 575	2 126 807	2 569 121	2 617 853	1 119 921
45~49 岁	1 800 678	1 876 568	1 919 380	2 125 483	2 567 523	2 616 224
50~54 岁	1 802 722	1 798 248	1 874 036	1 916 790	2 122 615	2 564 058
55~59 岁	1 723 410	1 798 251	1 793 788	1 869 388	1 912 036	2 117 351
60~64 岁	1 138 342	1 717 375	1 791 953	1 787 506	1 862 841	1 905 340
65~69 岁	665 353	1 131 931	1 707 703	1 781 862	1 777 440	1 852 350
70~74 岁	523 047	658 879.4	1 120 918	1 691 088	1 764 525	1 760 147
75~79 岁	555 109	513 611.2	646 993.2	1 100 697	1 660 581	1 732 693
80~84 岁	351 530	536 070.8	495 996.2	624 803.7	1 062 947	1 603 629
85~89 岁	172 942	328 362.8	500 741.6	463 308.1	583 626.7	992 894.5
90~94 岁	52 295	152 429.6	289 416.1	441 349.2	408 355.7	514 403.4
95~99 岁	10 109	41 636.27	121 361.5	230 427.5	351 393.8	325 124.9
100 岁及以上	928	7 045.823	29 018.69	84 583.02	160 596.4	244 903.6

假定 2010 年放开二胎,由图 5-9 和图 5-10 可见,2010 年到 2015 年新生儿人口呈较大幅度增长,但随着年份的增加,新生儿人口下降,而导致这种情况发生的原因是育龄人口呈直线下降.

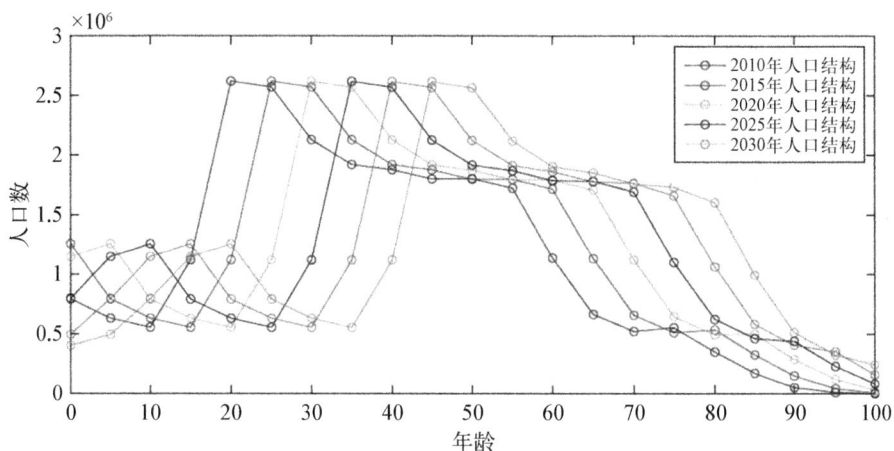

图 5–9　二胎开放后的人口结构预测

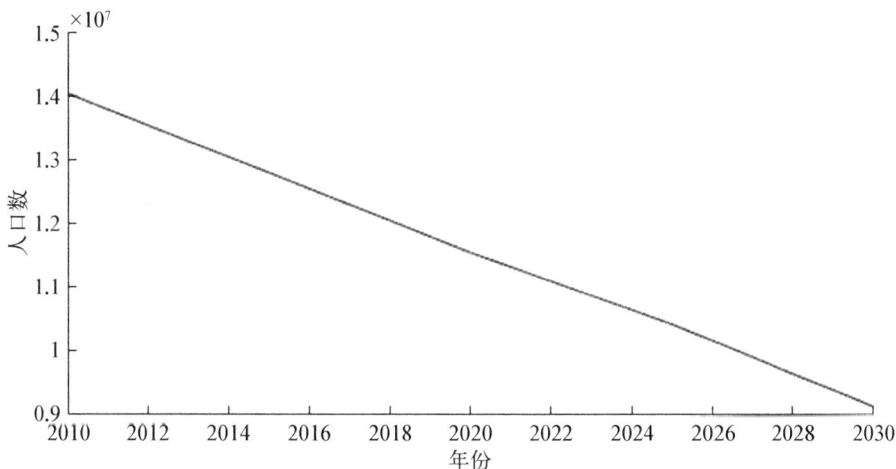

图 5–10　育龄人数

3. 结论

按照实际情况,从 2016 年开放二胎政策以后,上海人口增长在放缓的基础上于 2016 年变快,在 2018 年左右增长率达到峰值,之后减缓,于 2020 年左右增长率趋于稳定.由于受到阻滞作用,增长率随上海总人口的增加逐渐减小.此外上海还存在人口老龄化的问题,育龄女性数量呈下降趋势,建议政府施行生育奖励政策,并接纳外来劳动人口,扩大上海育龄女性数量.

<h1 style="text-align:center">习　　题</h1>

1. 某种细菌的增长率未知,但假设其为常数,试验开始时大约有 11 500 个细菌,1 小时后有 20 000 个,3 小时后大约有多少个细菌?

2. 根据罗瑟夫的放射性衰变定律,放射性物质衰变的速度与现存的放射性物质的原子数成正比,比例系数称为衰变系数,试建立放射性物质衰变的数学模型.若已知某放射性物质经过时间 $T_{1/2}$,放射性物质的原子数下降至原来的一半,试确定其衰变系数.

3. 用具有放射性的^{14}C测量古生物年代的原理是:宇宙线轰击大气层产生中子,中子与氮结合产生^{14}C.植物吸收二氧化碳时吸收了^{14}C,动物食用植物后从植物中得到^{14}C.在活体组织中^{14}C的吸收率恰好与^{14}C的衰变速率平衡.但一旦动物死亡,就停止吸收^{14}C,于是^{14}C的浓度随衰变而降低.由于宇宙射线轰击大气层的速度可视为常数,即动物刚死亡时^{14}C的衰变速率与现在取的活体组织样本的衰变速率是相同的.若测得古生物标本现在^{14}C的衰变速率,由于^{14}C的衰变系数已知,即可确定古生物的死亡时间.试建立用^{14}C测量古生物年代的数学模型(^{14}C的半衰期为 5 568 年).

4. 为治理湖水污染,引入一条较清洁的河水,河水与湖水混合后又以同样的流量由另一条河排出.设湖水容积为 V,河水流量为 Q,河水的污染浓度为常数 c_h,湖水的初始污染浓度为 c_0.

(1)建立湖水污染浓度 c 随时间 t 变化的微分方程,并求解.

(2)若测量出引入河水 10 天后湖水的污染浓度 0.9 mol/m³,40 天湖水的污染浓度为 0.5 mol/m³,且河水的污染浓度 $c_h = 0.5$ mol/m³.引入河水多少天后,湖水的污染浓度可以降到标准值 0.2 mol/m³?

(3)若由于蒸发等原因湖水容积每天减少 b m³,湖水污染浓度如何变化?

第6章
层次分析法

利用各种信息做出最优决策是人们在实践中经常需要解决的问题.例如,用人单位希望从应聘者中挑选到最优秀的人才,高中毕业生希望找出最适合报考的学校和专业,顾客希望选择最满意的商品等.在试图解决这类问题时,要考虑的因素往往很多,而且有些因素可以量化,有些因素只有定性的关系.因而常常要考虑如何将定性关系定量化,以及用什么方法来得到最优策略.层次分析法(analytic hierarchy process,简称 AHP)就是求解这类决策问题的一种方法,它是由 Thomas L. Saaty 等人在 20 世纪 70 年代提出的一种实用的多准则决策方法.层次分析法特别适用于那些难以完全定量分析的问题,应用这种方法,决策者通过将复杂问题分解为若干层次和若干因素,在各因素之间进行简单的比较和计算,就可以得出不同方案的权重,为最佳方案的选择提供依据.

6.1　问题引入

下面用一个案例说明层次分析法求解的问题和模型的建立.

例 6.1　若假期旅游的游客有新西兰、美国、英国三个旅游地可选择,试给出一些准则,确定一个最佳地点.

解:首先对问题进行分层,我们的目标是选择一个旅游地,所以将选择旅游地作为决策的目标,将其放置在层次分析结构的第一层或最高层.为了实现这个目标,可供选择的目的地为新西兰、美国、英国,这个作为备选方案构成方案层或最底层.同时选择旅游地不是没有条件的,旅客会根据诸如景色、费用、居住、饮食和旅途条件等一些准则去反复比较3 个候选地点,这个作为准则层.这样就建立了层次分析法的分层结构,如图 6－1 所示.

6.2　求解方法

基本步骤

层次分析法首先把问题层次化,按问题性质和总目标将此问题分解成不同层次,构成

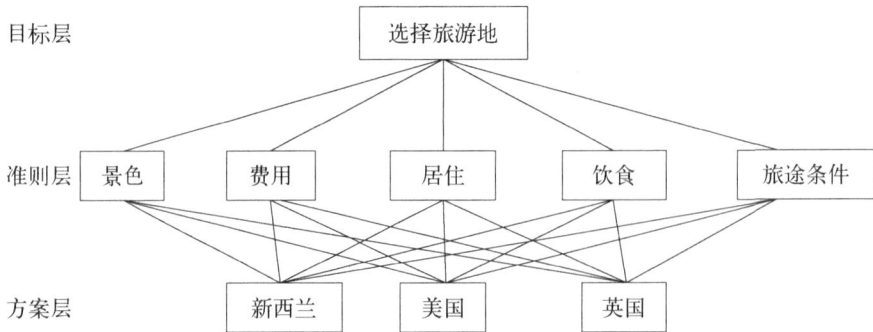

图 6-1　选择旅行地的层次结构模型

一个多层次的分析结构模型,分为最底层、中间层和最高层.再根据相对于最高层(总目标)的相对重要性确定权值或相对优劣次序进行排序.

　　1. 递阶层次结构的建立

　　应用层次分析法在分析、决策问题时,要把问题条理化、层次化,构造出一个有层次的结构模型.在这个模型下,复杂问题被分解为元素的组成部分.这些元素又按其属性及关系形成若干层次,上一层次的元素作为准则对下一层次有关元素起支配作用,这些层次可以分为3类:

　　(1) 最高层也称为目标层,这一层次中只有一个元素,一般它是层次分析法要达到的总目标.

　　(2) 中间层也称为准则层或策略层,是实现预定目标采取的某种原则、策略、方式等的中间环节,它可以由若干个层次组成,包括所需考虑的准则、子准则.

　　(3) 最底层亦称为措施层或方案层,这一层次包括了为实现目标可供选择的各种措施、决策方案等.

　　可以利用框图来描述层次的递阶结构与诸因素的从属关系,建立的层次结构模型,如图 6-2 所示.

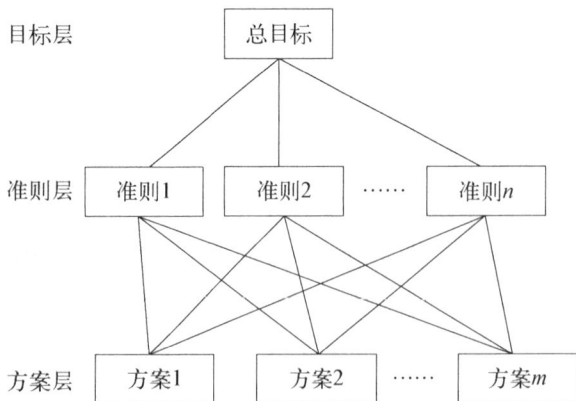

图 6-2　层次结构模型

　　2. 建立两两比较的判断矩阵

　　层次结构反映了因素之间的关系,但准则层中的各准则在目标衡量中所占的比重并不一定相同,在决策者的心目中,它们各占有一定的比例.

萨蒂(Saaty)等人建议可以采取对因子进行两两比较建立对比较矩阵的办法来确定影响某因素的诸因子在该因素中所占的比重.如,针对图 6-2 中准则 1,做方案 1 与方案 2,方案 1 与方案 3,……,方案 1 与方案 m,方案 2 与方案 3,……,方案 $m-1$ 与方案 m 的比较,从而得到判断矩阵 $\boldsymbol{A}=(a_{ij})_{n\times n}$,这样 n 个准则就有 n 个判断矩阵.同样,对于目标层也可构造相应的判断矩阵.

判断矩阵 $\boldsymbol{A}$ 的元素值反映了人们对各因素相对重要性的认识.容易看出 $\boldsymbol{A}$ 中的元素满足关系:

(1) $a_{ij}>0$; (2) $a_{ji}=\dfrac{1}{a_{ij}}$ $(i,j=1,2,\cdots,n)$,

称满足关系式(1),(2)的矩阵为**正互反矩阵**(易见 $a_{ii}=1$, $i=1,\cdots,n$).

关于如何确定 a_{ij} 的值,Saaty 等建议引用数字 1~9 及其倒数作为标度.表 6-1 列出了评价标度的含义.

表 6-1　评价标度的含义

标　度	含　义
1	表示两个因素相比,具有相同重要性
3	表示两个因素相比,前者比后者稍重要
5	表示两个因素相比,前者比后者明显重要
7	表示两个因素相比,前者比后者强烈重要
9	表示两个因素相比,前者比后者极端重要
2,4,6,8	表示上述相邻判断的中间值
倒数	若因素 i 与因素 j 的重要性之比为 a_{ij},那么因素 j 与因素 i 的重要性之比为 $a_{ji}=\dfrac{1}{a_{ij}}$

3. 层次单排序及一致性检验

判断矩阵 $\boldsymbol{A}$ 的最大特征值 $\lambda_{\max}$ 对应的特征向量 $\boldsymbol{W}$,经归一化后即为同一层次相应因素对于上一层次某因素相对重要性的排序权值,这一过程称为**层次单排序**.

上述构造成对比较判断矩阵的办法虽能减少其他因素的干扰,较客观地反映出一对因子影响力的差别,但综合全部比较结果时,其中难免包含一定程度的非一致性.如果比较结果是前后完全一致的,则矩阵 $\boldsymbol{A}$ 的元素还应当满足

$$a_{ij}a_{jk}=a_{ik},\ \forall i,j,k=1,2,\cdots,n. \tag{6.1}$$

满足式(6.1)的正互反矩阵称为**一致矩阵**.

需要检验构造出来的(正互反)判断矩阵 $\boldsymbol{A}$ 是否严重的非一致,以便确定是否接受 $\boldsymbol{A}$.对判断矩阵的一致性检验的步骤如下:

(1) 计算一致性指标 CI.

$$CI=\frac{\lambda_{\max}-n}{n-1}, \tag{6.2}$$

其中 $\lambda_{\max}$ 为 $\boldsymbol{A}$ 的最大特征值，n 为 $\boldsymbol{A}$ 的阶数.矩阵的特征值可借助 MATLAB 求解.

（2）查找相应的平均随机一致性指标 RI. 对 $n=1$，$\cdots$，9，Saaty 给出了 RI 的值，如表 6 - 2 所示.

表 6 - 2　平均随机一致性指标 RI

n	1	2	3	4	5	6	7	8	9
RI	0	0	0.58	0.90	1.12	1.24	1.32	1.41	1.45

RI 的值是这样得到的，用随机方法构造 500 个样本矩阵（随机地从 1～9 及其倒数中抽取数字构造正互反矩阵），求得最大特征根的平均值 $\lambda'_{\max}$，并定义

$$RI = \frac{\lambda'_{\max} - n}{n - 1}. \tag{6.3}$$

（3）计算一致性比例 CR.

$$CR = \frac{CI}{RI}. \tag{6.4}$$

当 $CR < 0.10$ 时，认为判断矩阵的一致性是可以接受的，否则应对判断矩阵作适当修正.

4. 层次总排序及一致性检验

层次单排序得到的是一组元素对其上一层中某元素的权重向量，最终要得到各元素，特别是最低层中各方案对于目标的排序权重，从而进行方案选择.为此要做层次总排序，总排序权重要自上而下地将单准则下的权重进行合成.

设上一层次（A 层）包含 A_1，$\cdots$，A_m 共 m 个因素，它们的层次总排序权重分别为 a_1，$\cdots$，a_m. 设其后的下一层次（B 层）包含 n 个因素 B_1，$\cdots$，B_n，它们关于 A_j 的层次单排序权重分别为 b_{1j}，$\cdots$，b_{nj}（当 B_i 与 A_j 无关联时，$b_{ij}=0$）.现求 B 层中各因素关于总目标的权重，即求 B 层各因素的层次总排序权重 b_1，$\cdots$，b_n，计算如表 6 - 3 所示方式进行，即 $b_i = \sum\limits_{j=1}^{m} b_{ij} a_j$，$i=1$，$\cdots$，$n$.

表 6 - 3　总层次排序权值表

层次 B	层次 A				B 层总排序权值
	A_1 a_1	A_2 a_2	$\cdots$ $\cdots$	A_m a_m	
B_1	b_{11}	b_{12}	$\cdots$	b_{1m}	$\sum\limits_{j=1}^{m} a_j b_{1j}$
B_2	b_{21}	b_{22}	$\cdots$	b_{2m}	$\sum\limits_{j=1}^{m} a_j b_{2j}$
$\vdots$	$\vdots$	$\vdots$	$\cdots$	$\vdots$	$\vdots$
B_n	b_{n1}	b_{n2}	$\cdots$	b_{nm}	$\sum\limits_{j=1}^{m} a_j b_{nj}$

对层次总排序也需作一致性检验,检验仍像层次总排序那样由高层到低层逐层进行.这是因为虽然各层次均已经过层次单排序的一致性检验,各成对比较判断矩阵都已具有较为满意的一致性.但当综合考察时,各层次的非一致性仍有可能积累起来,引起最终分析结果较严重的非一致性.

设 B 层中与 A_i 相关的因素的成对比较判断矩阵在单排序中经一致性检验,求得单排序的一致性指标为 $CI(j)$ $(j = 1, \cdots, m)$,相应的平均随机一致性指标为 $RI(j)$ $[CI(j), RI(j)$ 已在层次单排序时求得$]$,则 B 层总排序随机一致性比例为

$$CR = \frac{\sum\limits_{j=1}^{m} CI(j)a_j}{\sum\limits_{j=1}^{m} RI(j)a_j}. \tag{6.5}$$

当 $CR < 0.10$ 时,认为层次总排序结果具有较满意的一致性并接受该分析结果.

6.3　学生实践案例——基于模糊层次分析法的销售人员综合绩效评价方法及应用[①]

合理的销售人员绩效考核制度不但是企业生存和发展的关键,而且也是企业人力资源管理的重要课题.伴随现代企业管理制度的逐步完善,销售业绩不再是绩效考核的唯一标准,关于销售人员的综合绩效评价得到国内外学者广泛的关注和研究.试建立合理、全面、公平和可操作性强的销售人员综合绩效评价方法,既能充分调动销售人员的积极性,又可以提升企业的综合竞争力.

1. 问题分析

结合企业的发展战略和个人发展目标,这里通过"勤""能""绩"三个维度构建销售人员的综合绩效评价体系,其中"勤""能"两个维度主要包含定性的主观指标,"绩"这一维度直接反映销售人员的业绩,主要由定量的客观指标体现.

2. 模型建立

依据指标体系的设计原则,在深刻剖析销售人员综合绩效内涵及特征的基础上,最终将销售人员综合绩效评价指标体系分为目标层、准则层、指标层和方案层 4 个等级.销售人员的综合绩效评价指标体系主要由 3 大准则维度、13 项指标构成,表 6-4 给出了销售人员多维度综合绩效评价的层次结构模型.

模糊综合评价法的基本思想是将评价过程中的主客观因素进行量化,通过数学变换做出合理的判断.具体步骤如下:

S1：确定评价对象的因素集和评价集.

---

① 本例根据上海大学附属中学张炜琪的报告整理.

表 6-4　销售人员的综合绩效评价层次结构模型

目标层	某公司销售人员综合绩效评价 A												
准则层	勤 B_1			能 B_2			绩 B_3						
指标层	工作责任感 C_{11}	职业道德 C_{12}	团队协作精神 C_{13}	学习创新能力 C_{21}	交际沟通能力 C_{22}	业务能力 C_{23}	销售额 C_{31}	销售收现额 C_{32}	销售任务完成率 C_{33}	销售费用率 C_{34}	新客户开发数量 C_{35}	新客户销售额 C_{36}	销售额同比增长率 C_{37}
方案层	各销售人员												

因素集 $U=\{u_1, u_2, \cdots, u_m\}$ 表示评价对象有 m 个指标,评价集 $V=\{v_1, v_2, \cdots, v_n\}$ 表示评价者对评价对象有 n 个可能的评价结果.

S2：给出模糊关系矩阵.

模糊关系矩阵：

$$\boldsymbol{R}=\begin{bmatrix} r_{11} & r_{12} & \cdots & r_{1n} \\ r_{21} & r_{22} & \cdots & r_{2n} \\ \vdots & \vdots & \vdots & \vdots \\ r_{m1} & r_{m2} & \cdots & r_{mn} \end{bmatrix}$$

确定了 U 到 V 的模糊关系,其中元素 r_{ij} 表示基于因素 u_i 将某个评价对象评为 v_j 等级的隶属度.

S3：合成模糊综合评价结果向量.

使用层次分析法计算权重向量 $\boldsymbol{W}$ 并归一化,即 $\sum_{i=1}^{m} w_i=1$, $w_i \geqslant 0$, $i=1, 2, \cdots, m$. 对权重向量 $\boldsymbol{W}$ 与模糊关系矩阵 $\boldsymbol{R}$ 采用合适的算子进行合成,得到评价结果向量 $\boldsymbol{B}$,即

$$\boldsymbol{W} \cdot \boldsymbol{R}=[b_1, b_2, \cdots, b_n]=\boldsymbol{B}.$$

S4：模糊综合评价的结果分析.

为减少有效信息的损失,进一步利用评价结果向量 $\boldsymbol{B}$ 加权计算评价对象的最终等级. 这里取 $n=5$,并将评价等级分为差、一般、中等、良好、优异五个等级,它们的分数分别定为 1、2、3、4、5.评价结果分级标准如表 6-5 所示.

表 6-5　评价结果分级标准

评价值	评语	定级
$c > 4.5$	优　秀	E1
$3.5 \leqslant c < 4.5$	良　好	E2
$2.5 < c \leqslant 3.5$	中　等	E3
$1.5 < c \leqslant 2.5$	一　般	E4
$c \leqslant 1.5$	差	E5

3. 实证分析

　　某公司是一家金融科技服务商,为交易所、银行、保险、证券期货等金融机构提供服务.多年来,该公司销售人员的薪酬采取混合佣金制,即销售人员每月领取一定数额的固定工资,年终再根据销售员全年完成的销售额,按一定比例提成.作为一家以订单销售为导向的软件企业,该公司对销售人员的绩效评价仅仅以销售额作为绩效考核的标准,没有关注勤奋程度和职业道德,考核指标过于单一.

　　在对该公司的深入调研以及广泛征询销售人员、管理层和客户意见的基础上,建立销售人员综合绩效评价指标体系(见表 6-4),确定判断矩阵(见表 6-6 至表 6-9).

表 6-6　综合评价 A 的判断矩阵、权重及重要参数

A	B_1	B_2	B_3	W_A
B_1	1	2	5	0.5816
B_2	1/2	1	3	0.3090
B_3	1/5	1/3	1	0.1095

$\lambda_{\max} = 3.0037$, $RI = 0.5200$, $CI = 0.0018$
随机一致性比率 $CR = 0.0360 < 0.1$,满足一致性检验

表 6-7　销售人员"勤" B_1 的判断矩阵、权重及重要参数

B_1	C_{11}	C_{12}	C_{13}	W_{B_1}
C_{11}	1	1/7	1/5	0.0719
C_{12}	7	1	3	0.6491
C_{13}	5	1/3	1	0.2790

$\lambda_{\max} = 3.0649$, $RI = 0.5200$, $CI = 0.0324$,
随机一致性比率 $CR = 0.0624 < 0.1$,满足一致性检验

表 6-8　销售人员"能" B_2 的判断矩阵及权重系数

B_2	C_{21}	C_{22}	C_{23}	W_{B_2}
C_{21}	1	5	3	0.6483
C_{22}	1/5	1	1/2	0.1220
C_{23}	1/3	2	1	0.2297

$\lambda_{\max} = 3.0037$, $RI = 0.5200$, $CI = 0.0018$,
随机一致性比率 $CR = 0.0360 < 0.1$,满足一致性检验

表 6-9 销售人员"绩"B_3 的判断矩阵及权重系数

B_3	C_{31}	C_{32}	C_{33}	C_{34}	C_{35}	C_{36}	C_{37}	W_{B_3}
C_{31}	1	9	7	5	7	3	5	0.464 1
C_{32}	1/9	1	1	1/2	1	1/3	1/2	0.053 7
C_{33}	1/7	1	1	1/2	1	1/2	1/3	0.059 5
C_{34}	1/5	2	2	1	2	1/2	1	0.102 2
C_{35}	1/7	1	1	1/2	1	1/2	1/2	0.059 5
C_{36}	1/3	3	2	2	2	1	2	0.158 7
C_{37}	1/5	2	2	1	2	1/2	1	0.102 2

$\lambda_{\max} = 7.065\,6$, $RI = 1.360\,0$, $CI = 0.010\,9$,
随机一致性比率 $CR = 0.008\,0 < 0.1$，满足一致性检验

下面用模糊层次综合评价模型进行综合评价.

（1）现假设 5 名被评价销售人员为集合 $P = \{P_1, P_2, \cdots, P_5\}$. 对其中一个销售人员 $P_k(k=1, \cdots, 5)$，根据表 6-4 设计因素集 U 如下：

$$U = \{U_{B_1}, U_{B_2}, U_{B_3}\},$$

其中 $U_{B_1} = \{C_{11}, C_{12}, C_{13}\}$，$U_{B_2} = \{C_{21}, C_{22}, C_{23}\}$，$U_{B_3} = \{C_{31}, C_{32}, C_{33}, C_{34}, C_{35}, C_{36}, C_{37}\}$.

（2）评价等级记为 $V = \{v_1, v_2, v_3, v_4, v_5\}$，分别表示差、一般、中等、良好、优异，且等级向量为 $G = (1, 2, 3, 4, 5)$，评价结果按照表 6-5 进行等级划分.

（3）采用层次分析法确定各层指标的权重向量，即

$$W_A = (0.581\,6, 0.309\,0, 0.109\,5),$$

$$W_{B_1} = (0.071\,9, 0.649\,1, 0.279\,0),$$

$$W_{B_2} = (0.648\,3, 0.122\,0, 0.229\,7),$$

$$W_{B_3} = (0.464\,1, 0.053\,7, 0.059\,5, 0.102\,2, 0.059\,5, 0.158\,7, 0.102\,2).$$

（4）首先采用 360 度绩效考评法对 5 名销售人员从"勤""能"两个维度进行评价，包括组织销售人员的上级（3 名）、同事（4 名）和客户（2 名）共 9 名熟悉其工作业绩和表现的人员组成考评专家组和自我评价，统计结果如表 6-10 所示.

表 6-10 销售人员"勤"和"能"的 360 度绩效考核统计

销售人员	评价等级	1	2	3	4	5
销售人员 A	C_{11}	0	0	1	3	6
	C_{12}	0	0	0	3	6
	C_{13}	0	0	0	3	7

销售人员	评价等级	1	2	3	4	5
销售人员 A	C_{21}	0	0	2	7	1
	C_{22}	0	0	1	3	6
	C_{23}	0	1	2	5	2
销售人员 B	C_{11}	0	0	1	5	4
	C_{12}	0	0	1	6	3
	C_{13}	0	1	2	5	2
	C_{21}	0	0	5	4	1
	C_{22}	0	0	0	3	7
	C_{23}	0	0	1	8	1
销售人员 C	C_{11}	1	2	1	2	4
	C_{12}	1	1	2	1	5
	C_{13}	0	1	2	4	3
	C_{21}	0	1	4	4	1
	C_{22}	0	0	1	6	3
	C_{23}	0	0	1	5	4
销售人员 D	C_{11}	0	0	5	2	3
	C_{12}	0	0	1	5	4
	C_{13}	0	0	5	2	3
	C_{21}	0	4	4	1	1
	C_{22}	0	0	3	6	1
	C_{23}	0	0	8	1	1
销售人员 E	C_{11}	1	2	3	3	1
	C_{12}	1	2	4	3	0
	C_{13}	1	2	4	3	0
	C_{21}	0	0	4	3	3
	C_{22}	0	1	6	2	1
	C_{23}	0	1	4	4	1

其次，从财务部等部门汇总 5 名销售人员一年的"绩"这一维度的指标数据，如表 6-11 所示.

销售人员"绩"的考核标准如表 6-12 所示.

表 6－11　销售人员"绩"的考核结果统计

销售人员	C_{31}/万元	C_{32}/万元	C_{33}/%	$1/C_{34}$(%)	C_{35}/家	C_{36}/万元	C_{37}/%
销售人员 A	1 052	728.2	105	105	3	150	18
销售人员 B	1 250.9	828.2	110	92	2	40	21
销售人员 C	1 180.3	765.3	94	98	1	20	9
销售人员 D	500	213.8	88	111	0	0	1
销售人员 E	650	413.8	93	95	2	65	5

表 6－12　销售人员"绩"的考核标准

指　　　标	分　　　值				
	1	2	3	4	5
销售额/万元	(0, 100]	(100, 300]	(300, 500]	(500, 700]	＞700
销售收现额/万元	(0, 50]	(50, 100]	(100, 200]	(300, 400]	＞400
销售任务完成率/%	(0, 90]	(90, 95]	(95, 100]	(100, 105]	＞105
1/销售费用率(%)	(0, 90]	(90, 95]	(95, 100]	(100, 105]	＞105
新客户开发数量/家	1	2	3	4	5
新客户销售额/万元	(0, 5]	(5, 10]	(10, 15]	(15, 20]	＞20
销售额同比增长率/%	(0, 5]	(5, 10]	(10, 15]	(15, 20]	＞20

限于篇幅,现只给出销售人员 A 的综合评价过程,根据表 6－10 和表 6－11 的统计结果可得单因素模糊关系矩阵如下:

$$\boldsymbol{R}_1 = \begin{pmatrix} 0 & 0 & 0.10 & 0.30 & 0.60 \\ 0 & 0 & 0 & 0.30 & 0.70 \\ 0 & 0 & 0 & 0.30 & 0.70 \end{pmatrix}, \boldsymbol{R}_2 = \begin{pmatrix} 0 & 0 & 0.20 & 0.70 & 0.10 \\ 0 & 0 & 0.10 & 0.30 & 0.60 \\ 0 & 0.10 & 0.20 & 0.50 & 0.20 \end{pmatrix}, \boldsymbol{R}_3 = \begin{pmatrix} 0 & 0 & 0 & 0 & 1 \\ 0 & 0 & 0 & 0 & 1 \\ 0 & 0 & 0 & 1 & 0 \\ 0 & 0 & 0 & 1 & 0 \\ 0 & 0 & 1 & 0 & 0 \\ 0 & 0 & 0 & 0 & 1 \\ 0 & 0 & 0 & 1 & 0 \end{pmatrix}.$$

(5) 本文采用 $M(\cdot, \oplus)$ 算子将权重向量与单因素评价矩阵进行合成,其算子公式如下

$$\boldsymbol{B} = \min\left(1, \sum_{j=1}^{3} w_j r_{ji}\right), i = 1, 2, 3, 4, 5.$$

根据上述公式得到

$$\boldsymbol{B}_1 = \boldsymbol{W}_{B_1} \cdot \boldsymbol{R}_1 = (0, 0, 0.007\ 2, 0.300\ 0, 0.692\ 8),$$

$$\mathbf{B}_2 = \mathbf{W}_{\mathbf{B}_2} \cdot \mathbf{R}_2 = (0,\ 0.023\,0,\ 0.187\,8,\ 0.605\,3,\ 0.184\,0),$$

$$\mathbf{B}_3 = \mathbf{W}_{\mathbf{B}_3} \cdot \mathbf{R}_3 = (0,\ 0,\ 0.059\,5,\ 0.263\,9,\ 0.676\,5).$$

即得综合模糊关系矩阵 $\mathbf{R} = \begin{pmatrix} 0 & 0 & 0.007\,2 & 0.300\,0 & 0.692\,8 \\ 0 & 0.023\,0 & 0.187\,8 & 0.605\,3 & 0.184\,0 \\ 0 & 0 & 0.059\,5 & 0.263\,9 & 0.676\,5 \end{pmatrix}.$

（6）根据权重向量 $\mathbf{W}_A$ 和综合模糊关系矩阵 $\mathbf{R}$，即得最终评价结果

$$\mathbf{B} = \mathbf{W}_A \mathbf{R} = (0.581\,6,\ 0.309\,0,\ 0.109\,5) \cdot \begin{pmatrix} 0 & 0 & 0.007\,2 & 0.300\,0 & 0.692\,8 \\ 0 & 0.023\,0 & 0.187\,8 & 0.605\,3 & 0.184\,0 \\ 0 & 0 & 0.059\,5 & 0.263\,9 & 0.676\,5 \end{pmatrix}$$

$$= (0,\ 0.007\,1,\ 0.068\,7,\ 0.390\,4,\ 0.533\,8).$$

又由评价等级向量 $\mathbf{G} = (1,\ 2,\ 3,\ 4,\ 5)$，计算综合评价得分

$$c = \mathbf{B}\,\mathbf{G}^{\mathrm{T}} = (0,\ 0.007\,1,\ 0.068\,7,\ 0.390\,4,\ 0.533\,8) \cdot \begin{pmatrix} 1 \\ 2 \\ 3 \\ 4 \\ 5 \end{pmatrix} = 4.450\,9.$$

同理可得其他 4 名销售人员的综合评价得分，分别为 4.047\,0，3.799\,6，3.630\,5 和 3.228\,0.

按照表 6-5 的分级标准分别将这 5 名销售人员评为：良好（E2），良好（E2），良好（E2），良好（E2）和中等（E3）.

4. 结论与讨论

我们构建了"勤""能""绩"三个维度的销售人员绩效评价体系，运用模糊层次分析法对销售人员进行综合绩效评价.该方法一方面使指标选择与评价方法具有实用性和可操作性，另一方面规避了确定权重时的主观性和片面性，并在实证研究中取得了较为满意的评价结果.

习　题

1. 用层次分析法解决一两个实际问题，例如：

（1）你需要购置一个手机，考虑功能、外观、价格等因素，如何作出决策.

（2）为准备高考的学生建立一个报考志愿的层次结构模型.

（3）班级评选三好学生，试给出若干准则，构造层次结构模型，然后对各候选人进行评选.

2. 某校区有三个学校，现在要全面考察评选出一个优秀学校，主要考虑以下几个因素：① 教师队伍（包括平均学历和年龄结构）；② 教学设施；③ 教学工作（包括课堂教学、

课外活动、统考成绩和教学管理)；④ 文体活动.试依据层次分析法,构造层次分析模型,构造两两对比矩阵,作出一致性检验,给出项目权值.

3. 某单位对来应聘的 5 位求职人员进行面试,面试成绩如下表所示.

人员编号	责 任 心	创新能力	表达与理解能力	专业技术
1	甲	乙	丙	甲
2	乙	甲	甲	乙
3	甲	乙	乙	甲
4	丙	甲	甲	乙
5	乙	甲	乙	甲

试根据层次分析法,按面试成绩对 5 位应聘者排序.

第7章
概率统计方法

　　许多实际生活问题包含不确定因素,社会生活的经济、人口、交通、医药各个领域也普遍地存在着诸多随机因素的影响,即使是机械、化工、电力等工程技术领域,人们无法控制的随机干扰也会对系统的正常运行产生难以预测的后果.与此相关的随机因素的变化往往都会服从一定的概率分布,因此可以利用这些概率分布规律对问题进行研究,从而可以对所研究的实际问题做出估计、推断、预测和决策.另一方面,随着计算机技术的发展和普及,人们得到越来越多的统计数据,我们可以借助于统计分析方法,从这些庞大的数据中挖掘出有用的信息,因此概率统计方法在实际中的应用越来越广泛.

7.1　概率统计问题

　　例 7.1　一个简单的掷骰子游戏,你每次玩这个游戏时需要付一定的费用.同时投掷两个骰子,庄家将按照两个骰子所示的点数付给你同等面值的钱(单位:元),需要付多少钱你才愿意玩这个游戏?

　　解:这是一个概率问题,要计算需要付多少钱才愿意玩这个游戏,需考虑所得的钱数,不过所得钱数取决于投掷两个骰子的点数,是个随机变量,为此考虑所得钱数的数学期望.设 X 表示掷到的点数,为计算数学期望,需给出它的分布律.

X	2	3	4	5	6	7	8	9	10	11	12
P	1/36	2/36	3/36	4/36	5/36	6/36	5/36	4/36	3/36	2/36	1/36

这样,可求得 X 的期望值为

$$E(X) = 2 \times \frac{1}{36} + 3 \times \frac{2}{36} + \cdots + 12 \times \frac{1}{36} = 7.$$

这意味着多次重复这个游戏,平均每次你可以得到 7 元.因此,如果每次游戏所付的费用不超过 7 元,就是值得去玩的.

　　例 7.2　某面包房每天的面包需求量为 100,150,200,250,300 的概率分别为 0.1,0.3,0.4,0.1 和 0.1.每个面包的进货价为 2 元,销售价为 4 元,若当天不能售完,剩下的只

能以每只 1 元的价格处理.该面包房每天应该进多少货,才能获得最高的日均收入?(进货量必须是 50 的倍数)

解:设 X 表示每天面包的需求量,则其概率分布为

X	100	150	200	250	300
P	0.1	0.3	0.4	0.1	0.1

若用 L 表示一天的利润,用 y 表示进货量.按题意,若某天供过于求即 $y \geqslant X$ 时,其售出的获利为 $2X$,因剩余而退回的损失为 $y-X$;而当供不应求时,即 $y < X$ 时,其售出的获利为 $2y$,没有损失.L 依赖于进货量 y 和需求量 X,因此它也是一个随机变量,由上面的分析可得

$$L = \begin{cases} 2X - (y-X), & X \leqslant y, \\ 2y, & X > y. \end{cases}$$

日均收入即 $E(L)$.由需求量 $100 \leqslant X \leqslant 300$,可知 $100 \leqslant y \leqslant 300$,又因为进货量必须是 50 的倍数,所以只需考虑进货量 y 分别取 100,150,200,250,300 时对应的日均收入 $E(L)$ 何时最大即可,如表 7-1 所示.

表 7-1　各进货量下利润 L 的分布及日均收入 $E(L)$

X	100	150	200	250	300	$E(L)$
P	0.1	0.3	0.4	0.1	0.1	
$y=100, L$	200	200	200	200	200	200
$y=150, L$	150	300	300	300	300	285
$y=200, L$	100	250	400	400	400	325
$y=250, L$	50	200	350	500	500	305
$y=300, L$	0	150	300	450	600	270

由表 7-1 可知,当进货量 $y=200$ 时,$E(L)=325$ 最大,所以该面包房每天应该进 200 个面包.

例 7.3　现测得铜导线在一系列温度 T 下的电阻值 R,试求电阻 R 与温度 T 的近似函数关系(见表 7-2).

表 7-2　不同温度下的电阻值

$T/℃$	19.1	25.0	30.1	36.0	40.0	45.1	50.0
R/Ω	76.30	77.80	79.25	80.80	82.35	83.90	85.10

解:首先画出散点图.

由图 7-1 可知,这些点近似分布在一条直线上,即电阻 R 与温度 T 之间近似存在线性关系,可建立一元线性回归模型

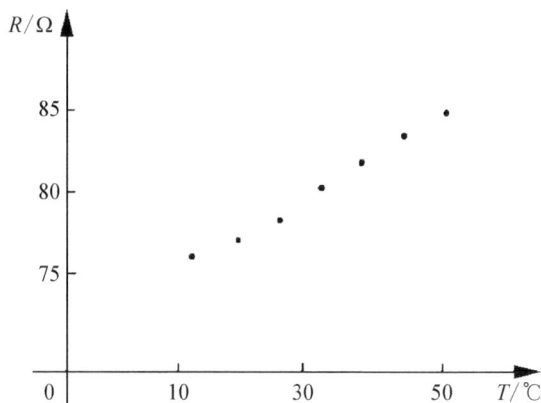

图 7 - 1　散点图

$$R = a_0 + a_1 T + \varepsilon, \varepsilon \in N(0, \sigma^2),$$

其中 a_0, a_1 为未知参数.

7.2　利用 MATLAB 求解

7.2.1　概率统计中常用的 MATLAB 函数

下面我们列出用于数据的统计描述和分析的常用 MATLAB 命令.其中, x 为原始数据行向量.

（1）用 hist 命令实现作频数表及直方图,其用法如下:

$$[n, y] = \text{hist}(x, k)$$

返回 x 的频数表.它将区间 $[\min(x), \max(x)]$ 等分为 k 份(缺省时 k 设定为 10), n 返回 k 个小区间的频数, y 返回 k 个小区间的中点.

$$\text{hist}(x, k)$$

返回 x 的直方图.

（2）算术平均值和中位数.

MATLAB 中 mean(x) 返回 x 的均值,median(x) 返回中位数.

（3）标准差、方差和极差.

MATLAB 中 std(x) 返回 x 的标准差,var(x) 返回方差,range(x) 返回极差.

（4）偏度和峰度.

MATLAB 中 skewness(x) 返回 x 的偏度,kurtosis(x) 返回峰度.

例 7.4　某学校随机抽取 100 名学生,测量他们的身高,所得数据如表 7 - 3 所示.

表7-3　100名学生的身高　　　　　　　　　　　cm

172	169	169	171	167	178	177	170	167	169
171	168	165	169	168	173	170	160	179	172
166	168	164	170	165	163	173	165	176	162
160	175	173	172	168	165	172	177	182	175
155	176	172	169	176	170	170	169	186	174
173	168	169	167	170	163	172	176	166	167
166	161	173	175	158	172	177	177	169	166
170	169	173	164	165	182	176	172	173	174
167	171	166	166	172	171	175	165	169	168
173	178	163	169	169	177	184	166	171	170

解：用 MATLAB 计算例 7.4 的频数表、直方图及均值等统计量，程序如下：

```
X=[172 169 169 171 167 178 177 170 167 169 171 168 165 169 168 173 170
160 179 172 166 168 164 170 165 163 173 165 176 162 160 175 173 172 168 165
172 177 182 175 155 176 172 169 176 170 170 169 186 174 173 168 169 167 170
163 172 176 166 167 166 161 173 175 158 172 177 177 169 166 170 169 173 164
165 182 176 172 173 174 167 171 166 166 172 171 175 165 169 168 173 178 163
169 169 177 184 166 171 170];
[n,y]=hist(X) % 返回频数表
n=
 2    3    6    18    26    22    11    8    2    2
y=
 156.5500   159.6500   162.7500   165.8500   168.9500   172.0500
175.1500   178.2500   181.3500   184.4500
hist(X)% 绘制直方图(见图7-2)
```

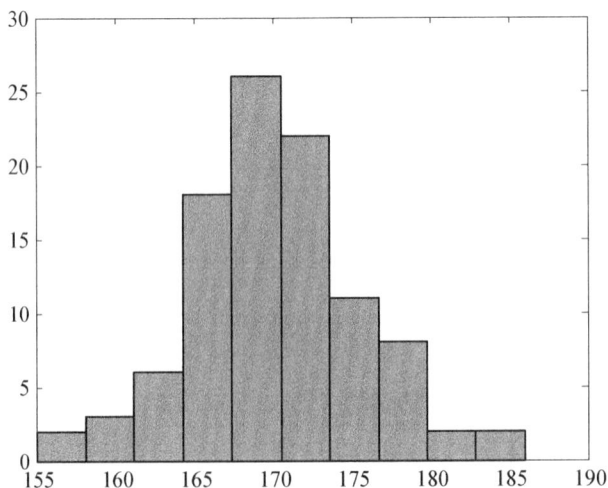

图7-2　直方图

```
x1= mean(X) % 返回平均值
x1=
    170.2500
x2= median(X) % 返回中位数
x2=
    170
x3= range(X) % 返回极差
x3=
    31
x4= std(X) % 返回标准差
x4=
    5.4018
x5= skewness(X) % 返回偏度
x5=
    0.1545
x6= kurtosis(X) % 返回峰度
x6=
    3.5573
```

（5）几个重要的概率分布的 MATLAB 实现.

MATLAB 统计工具箱中提供了约 20 种概率分布,对每一种分布提供了 5 种运算功能.表 7-4 给出了常见 8 种分布对应的 MATLAB 命令字符,表 7-5 给出了每一种运算功能所对应的 MATLAB 命令字符.当需要某一分布的某类运算功能时,将分布字符与功能字符连接起来,就可得到所要的命令.

表 7-4　常用分布对应的 MATLAB 命令

分　布	均匀	指数	正态	χ^2 分布	t 分布	F 分布	二项	泊松
字　符	unif	exp	norm	chi2	t	f	bino	poiss

表 7-5　常用运算对应的 MATLAB 命令

功　能	概率密度	分布函数	逆概率密度	均值与方差	随机数生成
字　符	pdf	cdf	inv	stat	rnd

例 7.5　（1）求正态分布 $N(-2,1)$,在 $x=1.5$ 处的概率密度.

```
p= normpdf(- 1.5,- 2,1)
p=
    0.3521
```

（2）求泊松分布 $P(5)$,在 $k=4,6,8$ 处的概率.

```
p= poisspdf([4 6 8],5)
p=
    0.1755    0.1462    0.0653
```

（3）求均匀分布 $U(-2,3)$,在 $x=1$ 处的分布函数值.

93

```
F= unifcdf(1, - 2, 3)
F =
    0.6000
```

（4）求概率 $\alpha = 0.995$ 的正态分布 $N(-1, 4)$ 的分位数 F_{α}.

```
F= norminv(0.995, - 1, 4)
F =
    9.3033
```

（5）求 t 分布 $t(8)$ 的期望和方差.

```
[m, v]= tstat(8)
m =
    0
v =
    1.3333
```

（6）生成一个 3×5 的随机矩阵，其中，第一行 5 个数分别服从均值为 $1, 2, 3, 4, 5$；第二行 5 个数分别服从均值为 $4, 5, 6, 7, 8$；第三行 5 个数分别服从均值 $0, 2, 4, 6, 8$，且标准差均为 0.01 的正态分布.

```
A= normrnd([1:5;4:8;0:2:8],0.01,3,5)
A =
    1.0054    2.0086    2.9957    4.0277    5.0073
    4.0183    5.0032    6.0034    6.9865    7.9994
  - 0.0226    1.9869    4.0358    6.0303    8.0071
```

（7）生成一个服从均匀分布 $U(-2, 3)$ 的 3×5 随机矩阵.

```
B= unifrnd(- 2,3,3,5)
B =
  - 1.2906    1.9610  - 1.8214    1.3937  - 0.0389
    0.1088    2.7975    2.2456    1.7887    1.2774
    2.5787    1.2787    2.6700    1.7157  - 1.1441
```

另外，生成随机数，对于标准正态分布，还可用命令 randn(m, n)；对均匀分布 $U(0, 1)$，还可用命令 rand(m, n).

7.2.2 随机现象的模拟

现实世界的变化充满不确定性，当动态系统受到随机因素的影响时，变化更加捉摸不定. 刻画这类动态系统的数学模型被称为随机性动态模型，在概率论中被称为随机过程，是一大类重要的随机模型. 一般来讲随机性动态模型没有解析解，通常使用数值模拟方法求解，这就不可避免地要模拟随机现象，而且得到的解是众多因素造成的结果，不具有确定性和唯一性，还需要经过统计分析，才能得到在统计意义下有价值的结论.

利用随机数我们可以模拟服从各种分布的随机现象.

设离散型随机变量 X 的分布律为 $P(X = x_i) = p_i$，$i = 1, 2, \cdots$. 令 $p^{(0)} = 0$，$p^{(n)} = \sum_{i=1}^{n} p_i$，$n = 1, 2, \cdots$. 将 $p^{(n)}$ 作为分点，把区间 $(0, 1)$ 分为一系列的小区间. 对于均匀的随

机变量 R，则有

$$P(p^{(n-1)} < R \leqslant p^{(n)}) = p^{(n)} - p^{(n-1)} = p_n, \ n = 1, 2, \cdots.$$

由此可知，事件 $(p^{(n-1)} < R \leqslant p^{(n)})$ 和事件 $(X = x_n)$ 发生的概率相同.因此我们可以用随机变量 R 落在小区间内的情况来模拟离散的随机变量 X 的取值情况.具体的执行过程是，每产生一个 $(0,1)$ 上均匀分布的随机数 r，若 $p^{(n-1)} < r \leqslant p^{(n)}$，则理解为事件"$X = x_n$"发生.于是就可以通过模拟随机变量的取值情况实现随机现象的模拟.

例 7.6　设在超市里每分钟顾客到达收款台的规律为：40% 的时间没有人来，30% 的时间有一个人来，30% 的时间有 2 个人来，模拟 10 分钟内顾客到达收款台的情况.

解：因为每分时间到达收款台的人数是随机变量 $X \in \{0, 1, 2\}$，相应的概率为 0.4，0.3 和 0.3.模拟的方法：取 $(0,1)$ 区间上均匀分布的随机数 r，当 $0 \leqslant r \leqslant 0.4$ 时，令 $X = 0$；当 $0.4 < r \leqslant 0.7$ 时，令 $X = 1$；当 $0.7 < r \leqslant 1$ 时，令 $X = 2$.

下面是使用计算机模拟两次所得结果：

```
r1=
    0.7513   0.2551   0.5060   0.6991   0.8909   0.9593   0.5472
0.1386   0.1493   0.2575
  X=
    2    0    1    1    2    2    1    0    0    0
  r2=
    0.3517   0.8308   0.5853   0.5497   0.9172   0.2858   0.7572
0.7537   0.3804   0.5678
  X=
    0    2    1    1    2    0    2    2    0    1
```

例 7.7　设某超市中顾客到达收银台的平均间隔时间是 0.5 min.模拟 10 位顾客到达收银台的情况.

解：由题意，可假设顾客到达收银台的时间间隔服从参数为 0.5 的指数分布.取随机数 $r = \mathrm{exprnd}(0.5)$，后一位顾客到达时间＝前一位顾客到达时间＋r.记 $t(i)$ 为第 i 位顾客到达收银台的时间，下面是使用计算机两次模拟 10 位顾客到达收银台的时间情况：

```
  r1=
    0.5838   0.0399   0.4217   0.8442   0.0500   0.0102   0.4118
1.0986   0.6773   0.4474
  t=
    0.5838   0.6237   1.0454   1.8896   1.9396   1.9498   2.3616
3.4602   4.1374   4.5848
  r2=
    0.8493   0.7137   0.0602   1.7759   0.3568   0.8921   0.0108
0.1694   0.3461   0.3764
  t=
    0.8493   1.5630   1.6233   3.3992   3.7559   4.6480   4.6588
4.8282   5.1743   5.5506
```

7.2.3　回归分析及其 MATLAB 实现

回归分析是一种应用极为广泛的数量分析方法，它应用于分析事物之间的统计关系，侧重考查变量之间的数量变化规律,并通过回归方程的形式描述和反映这种关系,帮助人们准确把握变量受其余一个或多个变量影响的程度,进而为控制和预测提供科学依据.回归分析方法是处理变量之间相关关系的一种统计方法,它不仅提供建立变量间关系的数学表达式——经验公式,而且利用概率统计知识进行了分析讨论,从而判断经验公式的正确性.回归分析一般步骤如下:

第一步,确定回归方程中的解释变量和被解释变量.

由于回归分析是研究一个变量是如何随其他变量的变化而变化的,因此回归分析的第一步就是确定哪个变量是需要被解释的(也叫因变量,记为 y),哪些变量是用于解释其他变量的(也叫自变量,记为 x).回归分析正是建立 y 关于 x 的回归方程,并在给定 x 的条件下,通过回归方程进行预测.

第二步,确定回归方程.

如果被解释变量和解释变量之间存在线性关系,则应进行线性回归分析,建立线性回归模型;如果被解释变量和解释变量之间存在非线性关系,则应进行非线性回归分析,建立非线性回归模型.

根据收集到的样本数据及判断的回归模型,在一定的统计拟合准则下估计出模型中的各个参数,得到一个确定的回归方程.

第三步,对回归方程进行各种检验.

由于回归方程是在样本的数据基础上得到的,回归方程是否真实地反映了事物总体间的统计关系以及回归方程能否用于预测等都需要进行检验.

第四步,利用回归方程进行预测.

建立回归方程的目的之一就是根据回归方程对事物的未来发展趋势进行控制和预测.

下面介绍几种常用的回归分析及其 MATLAB 实现.

1. 一元线性回归

一元线性回归是表述两个变量之间统计关系的最简单的回归模型,是指只有一个自变量的线性回归.

一元线性回归方程的一般形式为

$$y = \beta_0 + \beta_1 x + \varepsilon. \tag{7.1}$$

式(7.1)中, $\beta_0 + \beta_1 x$ 描述了由于 x 的变化引起的 y 的线性变化部分; ε 表示由其他随机因素引起的部分.式(7.1)中 β_0 和 β_1 是未知参数,称为回归系数. ε 表示其他随机因素的影响,一般假定为不可观测的随机误差,它是一个随机变量,通常假定 ε 满足 $\varepsilon \sim N(0, \sigma^2)$.对于我们所研究的某个实际问题,获得的 n 组样本观测值 (x_1, y_1), (x_2, y_2), $\cdots$, (x_n, y_n),如果它们符合式(7.1),即

$$y_i = \beta_0 + \beta_1 x_i + \varepsilon_i, \ i = 1, 2, \cdots, n.$$

同样随机误差项满足 $\varepsilon_i \sim N(0, \sigma^2)$, $i = 1, 2, \cdots, n$.此外,我们还假定 n 组数据是独立观测的,因而 $y_1, y_2, \cdots, y_n$ 与 $\varepsilon_1, \varepsilon_2, \cdots, \varepsilon_n$ 都是相互独立的.回归分析的主要任务就是

通过这组数据对 β_0 和 β_1 进行估计,一般用 $\hat{\beta}_0$,$\hat{\beta}_1$ 表示 β_0 和 β_1 的估计值,称

$$\hat{y} = \hat{\beta}_0 + \hat{\beta}_1 x$$

为 y 关于 x 的一元线性经验回归方程.

为了由样本数据得到回归参数 β_0 和 β_1 的理想估计值,一般使用最小二乘法.定义偏差平方和为

$$Q(\beta_0, \beta_1) = \sum_{i=1}^{n} (y_i - \beta_0 - \beta_1 x_i)^2.$$

根据最小二乘原理,回归系数的估计值 $\hat{\beta}_0$,$\hat{\beta}_1$ 满足

$$Q(\hat{\beta}_0, \hat{\beta}_1) = \sum_{i=1}^{n} (y_i - \hat{\beta}_0 - \hat{\beta}_1 x_i)^2 = \min_{\beta_0, \beta_1} \sum_{i=1}^{n} (y_i - \beta_0 - \beta_1 x_i)^2.$$

根据微积分中求极值的原理,$\hat{\beta}_0$,$\hat{\beta}_1$ 是下列方程组的解

$$\begin{cases} n\hat{\beta}_0 + \left(\sum_{i=1}^{n} x_i \right)\hat{\beta}_1 = \sum_{i=1}^{n} y_i, \\ \left(\sum_{i=1}^{n} x_i \right)\hat{\beta}_0 + \left(\sum_{i=1}^{n} x_i^2 \right)\hat{\beta}_1 = \sum_{i=1}^{n} x_i y_i. \end{cases}$$

求解得

$$\hat{\beta}_0 = \bar{y} - \hat{\beta}_1 \bar{x},$$

$$\hat{\beta}_1 = \frac{\sum_{i=1}^{n} (x_i - \bar{x})(y_i - \bar{y})}{\sum_{i=1}^{n} (x_i - \bar{x})^2}. \tag{7.2}$$

其中 $\bar{x} = \dfrac{1}{n} \sum_{i=1}^{n} x_i$,$\bar{y} = \dfrac{1}{n} \sum_{i=1}^{n} y_i$.

有一些非线性回归可以通过变量代换化为线性回归.这类非线性回归的参数亦可通过线性最小二乘法来确定,表 7-6 给出了部分可线性化的非线性回归模型.

表 7-6　可线性化的非线性模型

模型形式	变换后形式	变量和参数的变化			
		y	x	β_1	β_0
$y = \dfrac{ax}{1+bx}$	$\dfrac{1}{y} = \dfrac{1}{ax} + \dfrac{b}{a}$	$\dfrac{1}{y}$	$\dfrac{1}{x}$	$\dfrac{1}{a}$	$\dfrac{b}{a}$
$y = \dfrac{a}{x-b}$	$\dfrac{1}{y} = \dfrac{x}{a} - \dfrac{b}{a}$	$\dfrac{1}{y}$	x	$\dfrac{1}{a}$	$-\dfrac{b}{a}$

(续表)

模型形式	变换后形式	变量和参数的变化			
		y	x	β_1	β_0
$y = \dfrac{ax}{b^2 - x^2}$	$\dfrac{x}{y} = \dfrac{b^2}{a} - \dfrac{x^2}{a}$	$\dfrac{x}{y}$	x^2	$-\dfrac{1}{a}$	$\dfrac{b^2}{a}$
$y = ax^b$	$\ln y = b \ln x + \ln a$	$\ln y$	$\ln x$	b	$\ln a$
$y = a\mathrm{e}^{bx}$	$\ln y = bx + \ln a$	$\ln y$	x	b	$\ln a$
$y = a\mathrm{e}^{-x^2/b^2}$	$\ln y = -\dfrac{x^2}{b^2} + \ln a$	$\ln y$	x^2	$-\dfrac{1}{b^2}$	$\ln a$
$\dfrac{x^2}{a^2} + \dfrac{y^2}{b^2} = 1$	$y^2 = b^2 - \dfrac{b^2}{a^2}x^2$	y^2	x^2	$-\dfrac{b^2}{a^2}$	b^2

根据样本数据计算出的回归方程可能有一定的抽样误差,为了考查这两个变量在总体内是否存在线性关系,以及回归方程对估计预测因变量的有效性如何,首先应进行显著性检验.一元线性回归方程的显著性检验有多种方法,一种是对回归方程进行方差分析,即计算观测值与估算值之间有无显著差异.因变量的总偏差平方和为

$$S_T = \sum_{i=1}^{n} (y_i - \bar{y})^2 = \sum_{i=1}^{n} (\hat{y}_i - \bar{y})^2 + \sum_{i=1}^{n} (y_i - \hat{y}_i)^2,$$

其中 $\sum\limits_{i=1}^{n} (\hat{y}_i - \bar{y})^2$ 为回归平方和,记为 S_R;$\sum\limits_{i=1}^{n} (y_i - \hat{y}_i)^2$ 为残差平方和,记为 S_E,统计量

$$F = \frac{S_R}{S_E/(n-2)}$$

服从自由度为 $(1, n-2)$ 的 F 分布,对于给定的显著性水平 α,当 F 的值大于临界值 $F_\alpha(1, n-2)$ 时,说明回归方程显著,即 x 与 y 之间有显著的线性关系;反之不然.通常将这一过程列成方差分析表.

另一种是通过两个变量的相关系数来检验回归方程的显著性.相关系数 R 定义为

$$R = \frac{\sum\limits_{i=1}^{n} (x_i - \bar{x})(y_i - \bar{y})}{\sqrt{\sum\limits_{i=1}^{n} (x_i - \bar{x})^2 \sum\limits_{i=1}^{n} (y_i - \bar{y})^2}} = \frac{L_{xy}}{\sqrt{L_{xx}L_{yy}}}. \tag{7.3}$$

R 表示 x 与 y 之间线性关系的密切程度,R^2 越接近 1,表明样本点越靠近回归直线,可以认为回归方程有意义.

例 7.8 已知某社区 10 户家庭每周可支配收入和消费支出的基本信息,如表 7−7 所示,求每周家庭消费支出与可支配收入的回归方程.

表 7-7　每周各家庭可支配收入和消费支出的基本信息　　　　　单位：元

x_i（收入）	800	1 000	1 200	1 400	1 600	1 800	2 000	2 200	2 400	2 600
y_i（支出）	700	650	900	950	1 100	1 150	1 200	1 400	1 550	1 500

解：由散点图（略）可知，x 与 y 之间近似存在线性关系，设

$$y = \beta_0 + \beta_1 x + \varepsilon, \ \varepsilon \sim N(0, \sigma^2).$$

由式(7.2)，可得

$$\hat{\beta}_1 = \frac{\sum\limits_{i=1}^{10} (x_i - \bar{x})(y_i - \bar{y})}{\sum\limits_{i=1}^{10} (x_i - \bar{x})^2} = \frac{1\,680\,000}{3\,300\,000} = 0.509,$$

$$\hat{\beta}_0 = \bar{y} - \hat{\beta}_1 \bar{x} = 1\,110 - 0.509 \times 1\,700 = 244.7.$$

因此可得回归方程为 $y = 244.7 + 0.509x + \varepsilon$.

下面对回归方程作显著性检验，其方差分析表见表 7-8.

表 7-8　方差分析表

来　源	平方和 S	自由度 f	均方和 V	F 比
回归 残差	$S_R = 8\,949.673$ $S_E = 337.273$	$f_R = 1$ $f_E = 8$	$V_R = S_R/f_R = 8\,549.673$ $V_E = S_E/f_E = 42.159$	$F = V_R/V_E = 202.80$
总计	$S_T = 8\,886.946$	$f_T = 9$	$F_{0.05}(1, 10-2) = 5.32$	

由表 7-8 可见，统计量 F 的值为 202.80，对于给定的显著性水平 $\alpha = 0.05$，$F >$
$F_{0.05}(1, 10-2) = 5.32$，所以回归方程显著.

若采用相关系数法，由式(7.3)，可得系数 $R^2 = 0.962$，接近 1，也说明该回归方程的拟
合度较高.

2. 多元线性回归

当一个随机变量与多个随机变量存在相关关系时，可采用多元回归分析的方法来建
模.多元线性回归的数学模型：

$$y = \beta_0 + \beta_1 x_1 + \beta_2 x_2 + \cdots \beta_m x_m + \varepsilon, \ \varepsilon \sim N(0, \sigma^2).$$

记 n 组样本数据为 $(x_{i1}, x_{i2}, \cdots, x_{im}, y_i)$, $i = 1, 2, \cdots, n$，则有

$$\begin{cases} y_1 = \beta_0 + \beta_1 x_{11} + \beta_2 x_{12} + \cdots + \beta_m x_{1m} + \varepsilon_1, \\ y_2 = \beta_0 + \beta_1 x_{21} + \beta_2 x_{22} + \cdots + \beta_m x_{2m} + \varepsilon_2, \\ \ \vdots \qquad\qquad\qquad\qquad \vdots \\ y_n = \beta_0 + \beta_1 x_{n1} + \beta_2 x_{n2} + \cdots + \beta_m x_{nm} + \varepsilon_n. \end{cases}$$

其中 $\varepsilon_i \sim N(0, \sigma^2)$, $i = 1, 2, \cdots, n$. 将方程组写成矩阵方程形式：$\boldsymbol{y} = \boldsymbol{X\beta} + \boldsymbol{\varepsilon}$，其中：

$$\boldsymbol{y} = \begin{pmatrix} y_1 \\ y_2 \\ \vdots \\ y_n \end{pmatrix}, \quad \boldsymbol{X} = \begin{pmatrix} 1 & x_{11} & \cdots & x_{1m} \\ 1 & x_{21} & \cdots & x_{2m} \\ \vdots & \vdots & & \vdots \\ 1 & x_{n1} & \cdots & x_{nm} \end{pmatrix}, \quad \boldsymbol{\beta} = \begin{pmatrix} \beta_0 \\ \beta_1 \\ \vdots \\ \beta_m \end{pmatrix}, \quad \boldsymbol{\varepsilon} = \begin{pmatrix} \varepsilon_1 \\ \varepsilon_2 \\ \vdots \\ \varepsilon_n \end{pmatrix}.$$

采用最小二乘法进行参数估计,首先定义残差平方和:

$$Q(\boldsymbol{\beta}) = (\boldsymbol{y} - \boldsymbol{X}\boldsymbol{\beta})^{\mathrm{T}} (\boldsymbol{y} - \boldsymbol{X}\boldsymbol{\beta}).$$

令 $\dfrac{\partial Q}{\partial \beta_0} = 0, \dfrac{\partial Q}{\partial \beta_1} = 0, \cdots, \dfrac{\partial Q}{\partial \beta_m} = 0$,可得

$$\hat{\boldsymbol{\beta}} = (\boldsymbol{X}^{\mathrm{T}} \boldsymbol{X})^{-1} \boldsymbol{X}^{\mathrm{T}} y. \tag{7.4}$$

即得所求的回归方程为:$\hat{y} = \hat{\beta}_0 + \hat{\beta}_1 x_1 + \hat{\beta}_2 x_2 + \cdots + \hat{\beta}_m x_m$.

对多元回归方程的假设检验,包含两个方面:首先是检验自变量 $x_1, x_2, \cdots, x_m$ 从整体上对因变量 y 是否有明显影响,称为多元回归检验;若方程通过多元回归检验,仅说明 $\beta_0, \beta_1, \cdots, \beta_m$ 不全为零,并不意味着每个自变量对 y 的影响都显著,所以还需要对每个自变量进行显著性检验,称为偏回归系数检验.

例 7.9 现有 13 个城市的第三产业从业人数 x_1(单位:万人)、工业总产值 x_2(单位:亿元)和人均月收入 y(单位:元),得到表 7-9 的结果,试建立回归方程.

表 7-9 第三产业从业人数、工业总产值和人均收入的关系

序　号	x_1/ 万人	x_2/ 亿元	y/ 元
1	26.7	73.4	504
2	31.3	59.0	480
3	30.4	65.9	526
4	33.9	58.2	511
5	34.6	64.6	549
6	33.8	64.6	552
7	30.4	62.1	496
8	27.0	71.4	473
9	33.3	64.5	537
10	30.4	64.1	515
11	31.5	61.1	502
12	33.1	56.0	498
13	34.0	59.8	523

解: 由题意,$\boldsymbol{X} = \begin{pmatrix} 1 & 26.7 & 73.4 \\ 1 & 31.3 & 59.0 \\ \vdots & \vdots & \vdots \\ 1 & 34.0 & 59.8 \end{pmatrix}$,$\boldsymbol{Y} = \begin{pmatrix} 504 \\ 480 \\ \vdots \\ 523 \end{pmatrix}$,由式(7.4),可得

$$\hat{\boldsymbol{\beta}} = (-176.24 \quad 12.42 \quad 4.68)^{\mathrm{T}}.$$

于是得到二元线性回归方程

$$\hat{y} = -176.24 + 12.42x_1 + 4.68x_2.$$

MATLAB 统计工具箱用命令 regress 实现多元线性回归,用的方法是最小二乘法,其 MATLAB 命令为:

$$[\text{b, bint, r, rint, stats}] = \text{regress}(y, x, \text{alpha}).$$

其中 y, x 为输入数据,alpha 是显著性水平(缺省值为 0.05),输出 b 为回归系数 β 的估计值,bint 是 β 的置信区间,r 是残差向量,rint 是 r 的置信区间,stats 中包含了三个检验量:决定系数 R^2,F 值和 p 值.它们的用法如下: R^2 值反映了变量间线性相关的程度, R^2 越接近 1,则变量间的线性关系越强;如果满足 $F_\alpha(m, n-m-1) < F$(其中 m 为自变量的个数, n 为数据点的个数),同样可以认为 y 与 x 显著地有线性关系;若 $p < \alpha$,则线性模型可用.

例 7.10　某化学家想要确定一特定的混合物暴露在空气中,其质量减少 y 与暴露时间 x_1 和环境湿度 x_2 之间的函数关系,试根据表 7-10 所给数据建立回归模型.

表 7-10　某混合物暴露空气中质量减少与暴露时间和环境湿度的数据

序　号	质量减少 y	暴露时间 x_1	相对湿度 x_2
1	4.3	4	0.2
2	5.5	5	0.2
3	6.8	6	0.2
4	4	4	0.3
5	5.2	5	0.3
6	6.6	6	0.3
7	2	4	0.4
8	4	5	0.4

解：首先画出散点图(略),从散点图中可以看出,质量减少 y 与暴露时间 x_1,环境湿度 x_2 之间存在一定的线性相关性.所以,可以考虑采用多元线性回归模型.

在 MATLAB 命令窗口中输入:

```
y=[4.3 5.5 6.8 4 5.2 6.6 2 4]';
x1=[4 5 6 4 5 6 4 5]';
x2=[0.2 0.2 0.2 0.3 0.3 0.3 0.4 0.4]';
X=[ones(8,1),x1,x2];
[b,bint,r,rint,s]=regress(y,X);
b,bint,s
b=
```

```
    0.3467
    1.4217
  - 8.6167
bint=
  - 3.0501    3.7434
    0.8783    1.9651
  - 14.0505  - 3.1828
s=
    0.9403  39.3458   0.0009   0.2062
```

这里 F 值为 39.345 8,临界值为 $F_{0.05}(2,5)=5.79$,$F>F_{0.05}(2,5)$,且 $p=0.000\,9<0.5$,$R^2=0.940\,3$ 接近 1,所以认为线性回归效果较好.最后建立的二元线性回归模型为

$$\hat{y}=0.346\,7+1.421\,7x_1-8.616\,7x_2.$$

3. 逐步线性回归

一个实际的多变量回归,往往既含有对 y 有显著效应的自变量,又含有对 y 没有显著效应的自变量.因此,在多元线性回归分析中,必须剔除没有显著效应的自变量,以使所得的多元回归方程比较简化,又能较准确的分析和预测 y 的反应.剔除不显著自变量的过程称为自变量的统计选择,所得的仅包含显著自变量的多元回归方程,称为最优多元线性回归方程.

由于自变量之间存在相关性,当 m 元线性回归中不显著的自变量有多个时,并不能肯定这些自变量对 y 的线性效应都不显著,而只能肯定偏回归平方和最小的那个自变量不显著.当剔除了这个不显著且偏回归平方和最小的自变量后,其余原来不显著的自变量可能变为显著,而原来显著的自变量也可能变为不显著.因此为了获得最优方程,回归计算就要一步一步做下去,直至所有不显著的自变量皆被剔除为止.这一统计选择自变量的过程称为逐步回归.

用作逐步回归的 MATLAB 命令是 stepwise(),它提供了一个交互式的画面,通过这个工具可以自由地选择变量,进行统计分析.其通常用法如下:

```
stepwise(x,y,inmodel,alpha)
```

其中 x,y 分别是 $n\times m$ 矩阵和 n 维向量,inmodel 是矩阵 x 的列数的指标,给出初始模型中包括的子集(缺省时设定为全部自变量),alpha 为显著性水平.stepwise 命令会产生一个图形窗口,显示回归系数及其置信区间,蓝色的线代表在模型中的变量,红色的线代表从模型中移去的变量,可以用鼠标单击某条线改变其状态达到移去或选中该变量的目的.除此之外,该窗口还给出了跟模型有关的统计量(RMSE R-square,F,p 等,其含义与 regress,rstool 相同),可以通过这些统计量的变化来确定模型.ModelHistory 窗口显示每一步 RMSE 的值,单击 Export 按钮产生一个菜单,表明了要传送给 MATLAB 工作区的参数.

例 7.11 某种水泥在凝固时放出的热量 y 与水泥中的 4 种化学成分含 $3Cao.Al_2O_3$,$3Cao.SiO_2$,$4Cao.Al_2O\,3.Fe_2O_3$,$2Cao.SiO_2$ 有关,今测得一组数据如表 7-11 所示,试用逐步回归来确定一个线性模型.

表 7 - 11　某种水泥凝固时放出的热量与四种化学成分含量的关系

序　号	x_1	x_2	x_3	x_4	y
1	7	26	6	60	78.5
2	1	29	15	52	74.3
3	11	56	8	20	104.3
4	11	31	8	47	87.6
5	7	52	6	33	95.9
6	11	55	9	22	109.2
7	3	71	17	6	102.7
8	1	31	22	44	72.5
9	2	54	18	22	93.1
10	21	47	4	26	115.9
11	1	40	23	34	83.8
12	11	66	9	12	113.3
13	10	68	8	12	109.4

解：在 MATLAB 命令窗口中输入

```
x=[7 26 6 60;1 29 15 52;11 56 8 20;11 31 8 47;7 52 6 33;11 55 9 22;3 71
17 6;1 31 22 44;2 54 18 22;21 47 4 26;1 40 23 34;11 66 9 12;10 68 8 12];
y=[78.5 74.3 104.3 87.6 95.9 109.2 102.7 72.5 93.1 115.9 83.8 113.3 109.4]';
stepwise(x, y, [1, 2, 3, 4])
```

得到一个图形窗口如图 7 - 3 所示.

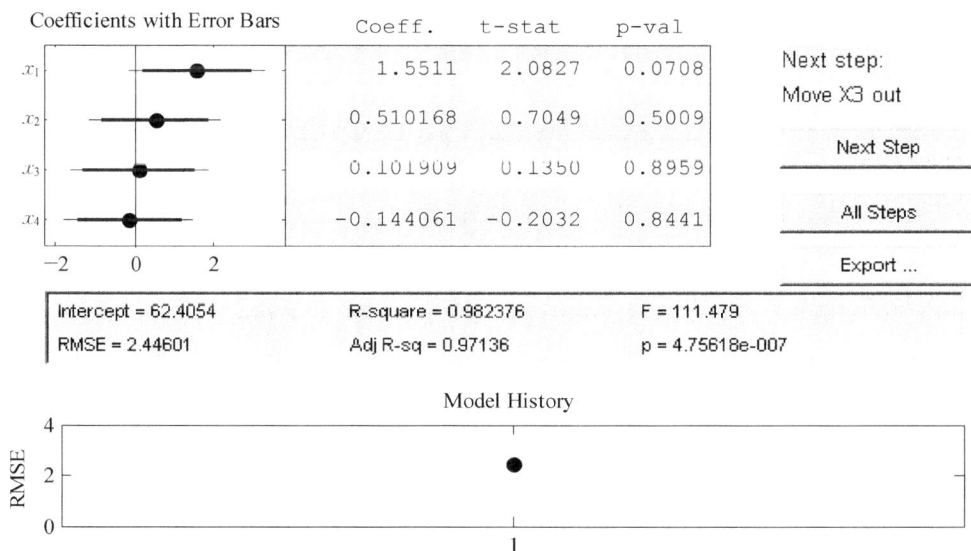

图 7 - 3　逐步回归图形窗口

根据回归系数 p 值的大小,选取 p 值最大的变量 x_3 从模型中移去,可得图 7-4.

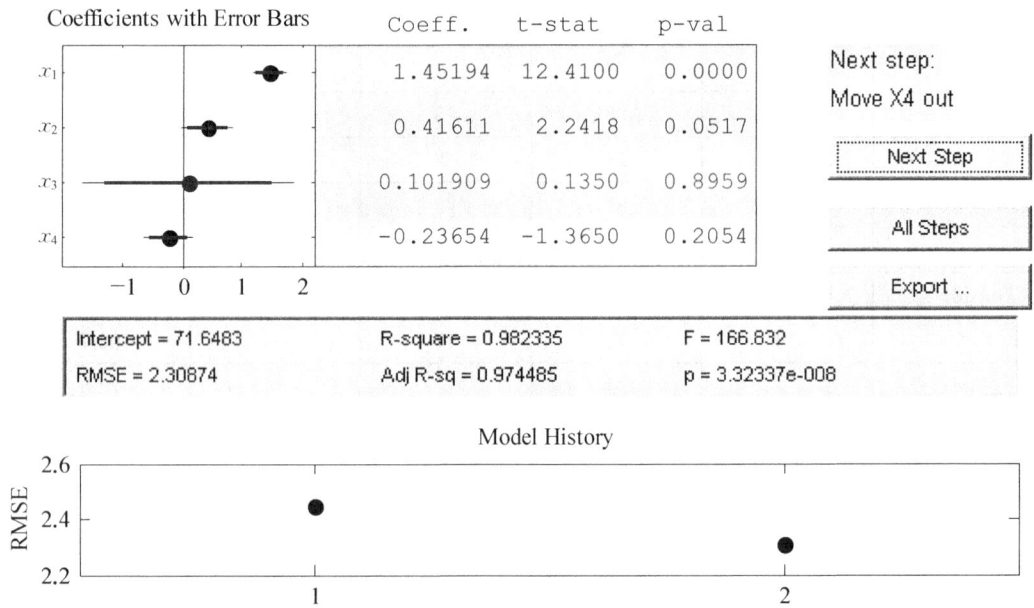

Coefficients with Error Bars

	Coeff.	t-stat	p-val
x_1	1.45194	12.4100	0.0000
x_2	0.41611	2.2418	0.0517
x_3	0.101909	0.1350	0.8959
x_4	-0.23654	-1.3650	0.2054

Next step:
Move X4 out

Next Step

All Steps

Export ...

Intercept = 71.6483	R-square = 0.982335	F = 166.832
RMSE = 2.30874	Adj R-sq = 0.974485	p = 3.32337e-008

Model History

图 7-4　逐步回归一步后窗口

再选取 p 值最大的变量 x_4 从模型中移去,可得图 7-5.

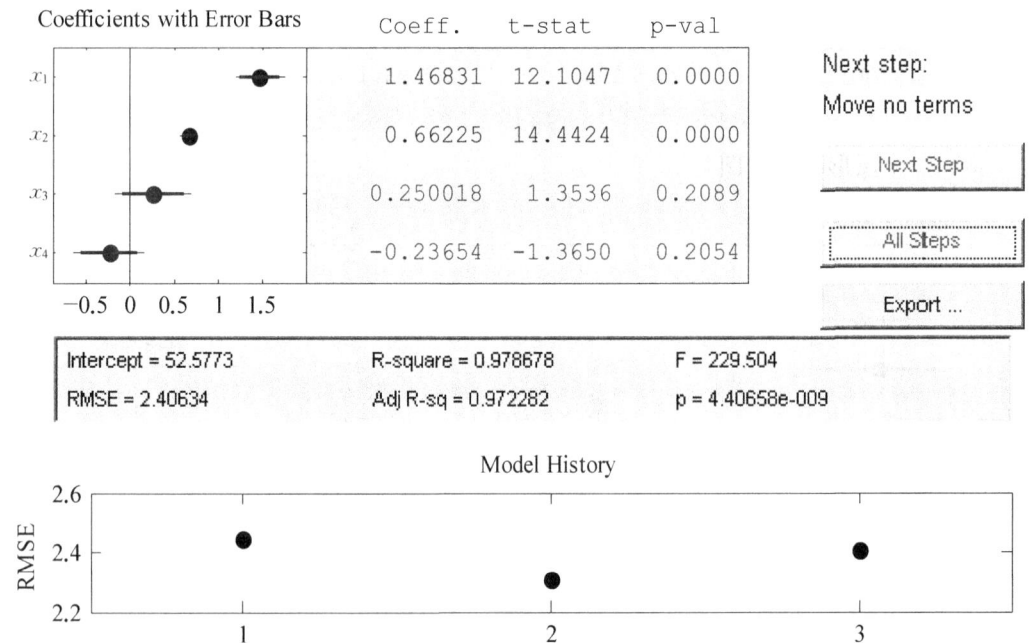

Coefficients with Error Bars

	Coeff.	t-stat	p-val
x_1	1.46831	12.1047	0.0000
x_2	0.66225	14.4424	0.0000
x_3	0.250018	1.3536	0.2089
x_4	-0.23654	-1.3650	0.2054

Next step:
Move no terms

Next Step

All Steps

Export ...

Intercept = 52.5773	R-square = 0.978678	F = 229.504
RMSE = 2.40634	Adj R-sq = 0.972282	p = 4.40658e-009

Model History

图 7-5　逐步回归两步后窗口

此时,剩下 x_1 和 x_2 的回归系数的 p 值均为 0,说明这两个变量是显著的,对应的回归模型为

$$\hat{y} = 52.577\,3 + 1.468\,31x_1 + 0.662\,3x_2.$$

此外,还可以用 Excel 和统计软件 SPSS 实现回归分析.

4. 多项式回归

多项式回归可以看作是非线性回归的一个类型,多项式回归本质上仍然属于多元线性回归,也可分为一元多项式回归和多元多项式回归两种.在实际应用中,最常用的多元多项式回归是多元二项式回归,下面我们只简单的介绍它们的数学模型,参数估计可以参考前面的最小二乘估计.

一元多项式回归的数学模型为

$$\hat{y} = \beta_0 + \beta_1 x + \beta_2 x^2 + \cdots + \beta_p x^p + \varepsilon. \tag{7.5}$$

多元二项式回归的数学模型为

$$\hat{y} = \beta_0 + \beta_1 x_1 + \beta_2 x_2 + \cdots + \beta_m x_m + \sum_{1 \leqslant i,\,j \leqslant m} \beta_{ij} x_i x_j + \varepsilon. \tag{7.6}$$

一元多项式回归的 MATLAB 命令为

```
[p,s]=polyfit(x,y,n).
```

其中输入 x, y 是样本数据,n 表示多项式的阶数,输出 p 是回归多项式的系数,s 是一个数据结构,可用于其他函数的计算,比如[y delta]=polyconf(p, x0, s)可用于计算 x0 处的预测值 y 及其置信区间的半径 delta.

一元多项式回归还可以采用如下命令:

```
polytool(x,y,n,alpha).
```

该命令输出一个交互式画面,画面显示回归曲线及其置信区间,通过图左下方的 export 下拉式菜单,还可以得到回归系数的估计值及其置信区间、残差等.还可以在正下方左边的窗口中输入 x,即可在右边窗口得到预测值 y 及其对应的置信区间.

例 7.12　奶牛的产奶量受产犊季节影响较大,为了制定一个校正系数用以消除产犊季节的影响,需要配置一个回归方程,现得到一组数据如表 7-12 所示.

表 7-12　某农场奶牛群各月份产犊母牛平均产奶量　　　　　单位:kg

产犊月份	平均305天的产奶量	产犊月份	平均305天的产奶量	产犊月份	平均305天的产奶量
1	3 833.43	5	3 481.99	9	3 395.42
2	3 811.58	6	3 372.82	10	3 807.08
3	3 769.47	7	3 476.76	11	3 817.03
4	3 565.74	8	3 466.22	12	3 884.52

试建立二者的回归方程.

解:根据表 7-12 所给产奶量与产犊月份作数据的散点图(略),可见散点图明显地呈现两端低中间高的形状,两者的关系基本是一条抛物线,所以可拟合一条二次曲线.

```
x= 1:12;
y= [3833.43  3811.58  3769.47  3565.74  3481.99  3372.82  3476.76
3466.22  3395.42  3807.08  3817.03  3884.52 ]
p= polyfit(x,y,2)
p=
1.0e+ 03 *
0.0158   - 0.2049   4.1172
```

即所求的回归模型为

$$\hat{y} = 15.785\,7x^2 - 204.936\,2x + 411\,7.14$$

7.2.4 聚类分析及其 MATLAB 实现

聚类分析又称群分析,是对样品或指标进行分类的一种多元统计分析方法,它们讨论的对象是大量的样品,要求能合理地按各自的特性来进行分类,没有任何模式可供参考或依循.通过分析,找出某些能区分研究对象的数量指标,然后依据一定的准则把研究对象的总体分成若干个类别,这就是聚类分析研究的问题.

聚类分析应用于很多方面,在商业上,聚类分析被用来发现不同的客户群;在生物上,聚类分析被用来对动植物和基因进行分类,获取对种群固有结构的认识;在因特网上,聚类分析被用来进行用户聚类、页面聚类、活跃留存聚类等.

聚类分析从基本思想看可分为系统聚类法、分解法和动态聚类法三大类.系统聚类法也称为分层聚类法,它是目前应用最广泛的一种方法.系统聚类的基本思想是:开始时,将每个样品各自看成一类,将距离(或相似程度)最小的一对样品合并成一个新类,然后计算新类和其他类间的距离,再将距离最近的类合并.依次类推,每次减少一类直至满足聚类要求为止.动态聚类法也称为快速聚类法,它的基本思想是:开始按照一定方法选取一批聚类中心,让样品向最近的聚心凝聚,形成初始分类,然后按照最近距离原则不断修改不合理分类,直至合理为止.

MATLAB 提供了两种方法进行聚类分析.一种是利用 clusterdata 函数对样本数据进行一次聚类,其缺点是可供用户选择的面较窄,不能更改距离的计算方法.其调用格式为

$$T= clusterdata(x,Cutoff).$$

其中输入 x 是一个 $n \times p$ 矩阵, n 代表样品的个数, p 代表样品的指标数.当 Cutoff 取 $(0,1)$ 间的实数时,取值越接近于 1,则分出的类越少;当 Cutoff 取大于等于 2 的正整数时,其值代表分出类的个数.输出 T 是一个正整数列向量,其数值对应每个样品所在的类别.

另一种是分步聚类,不仅可以选择不同的距离,还可以看到直观的图形结果.但需要综合使用多个命令:

(1)用 pdist 函数计算样本间的距离,其调用格式为

$$Y= pdist(x,'metric').$$

其中 metric 为按指定方法计算 x 数据矩阵中样品间的距离. metric 取值如下:euclidean:

欧氏距离(默认);seuclidean:标准化欧氏距离;mahalanobis:马氏距离;cityblock:绝对
距离;minkowski:明可夫斯基距离.

(2) 用 linkage 函数进行聚类,其调用格式为

```
Z=linkage(Y, 'method').
```

其中 method 为聚类所采用的算法.可取值如下:single:最短距离法(默认);complete:
最长距离法;average:未加权平均距离法;weighted:加权平均法;ward:内平方距离法
(最小方差算法).输出 Z 为一个包含聚类树信息的 $(m-1)\times 3$ 的矩阵,每一行代表一个连
接,前两个元素代表连接的类,第三个元素代表两个类之间的距离.

(3) 用 cluster 函数创建聚类,其调用格式为

```
T=cluster(Z, m).
```

根据 linkage 函数的输出 Z 将全部样品分为 m 类.

(4) 用 dendrogram 函数画出聚类的谱系图,其调用格式为

```
H=dendrogram(Z).
```

(5) 利用 cophenet 函数计算聚类树信息与原始数据之间的相关性,通常这个值越大
聚类效果越好,其调用格式为

```
C=cophenet(Z, Y).
```

T=clusterdata(X, cutoff)与下面的一组命令等价

```
Y=pdist(X, 'euclid');Z=linkage(Y, 'single');T=cluster(Z, cutoff).
```

例 7.13　表 7 - 13 是我国部分省市自治区 2006 年的 6 项主要经济指标数据,试采用
聚类分析法进行分类.

表 7 - 13　2006 年不同地区的 6 项经济指标

序号	地 区	人均 GDP /元	财政收入 /万元	固定资产 投资/亿元	年末总 人口/万人	居民消费 水平/(元/人)	社会消费品 零售总额/亿元
1	北　京	50 467	11 171 514	3 296.4	1 581	16 770	3 275.2
2	天　津	41 163	4 170 479	1 820.5	1 075	10 564	1 356.8
3	河　北	16 962	6 205 340	5 470.2	6 898	4 945	3 397.4
4	山　西	14 123	5 833 752	2 255.7	3 375	4 843	1 613.4
5	内蒙古	20 053	3 433 774	3 363.2	2 397	5 800	1 595.3
6	辽　宁	21 788	8 176 718	5 689.6	4 271	6 929	3 434.6
7	吉　林	15 720	2 452 045	2 594.3	2 723	5 710	1 675.8
8	黑龙江	16 195	3 868 440	2 236	3 823	5 141	1 997.7
9	上　海	57 695	15 760 742	3 900	1 815	20 944	3 360.4
10	江　苏	28 814	16 566 820	10 069.2	7 550	8 302	6 623.2

序号	地 区	人均GDP/元	财政收入/万元	固定资产投资/亿元	年末总人口/万人	居民消费水平/(元/人)	社会消费品零售总额/亿元
11	浙 江	31 874	12 982 044	7 590.2	4 980	11 161	5 325.3
12	安 徽	10 055	4 280 265	3 533.6	6 110	4 441	2 029.4
13	福 建	21 471	5 411 707	2 981.8	3 558	7 826	2 704.2
14	江 西	10 798	3 055 214	2 683.6	4 339	4 173	1 428
15	山 东	23 794	13 562 526	11 111.4	9 309	7 025	7 122.5
16	河 南	13 313	6 791 715	5 904.7	9 392	4 632	3 880.5
17	湖 北	13 296	4 760 823	3 343.5	5 693	5 533	3 412
18	湖 南	11 950	4 779 274	3 175.5	6 342	5 498	2 834.2
19	广 东	28 332	21 794 608	7 973.4	9 304	10 829	9 118.1
20	广 西	10 296	3 425 788	2 198.7	4 719	4 330	1 600.8
21	海 南	12 654	818 139	423.9	836	4 736	308.3
22	重 庆	12 457	3 177 165	2 407.4	2 808	5 417	1 403.6
23	四 川	10 546	6 075 850	4 412.9	8 169	4 501	3 421.6
24	贵 州	5 787	2 268 157	1 197.4	3 757	3 499	689.8
25	云 南	8 970	3 799 702	2 208.6	4 483	4 075	1 188.9
26	西 藏	10 430	145 607	231.1	281	2 915	89.7
27	陕 西	12 138	3 624 805	2 480.7	3 735	3 972	1 522
28	甘 肃	8 757	1 412 152	1 022.6	2 606	3 810	717.5
29	青 海	11 762	422 437	408.5	548	4 229	180.1
30	宁 夏	11 847	613 570	498.7	604	5 112	199
31	新 疆	15 000	2 194 628	1 567.1	2 050	4 206	727.6

解: 在MATLAB命令窗口中输入

X=[50467 11171514 3296.4 1581 16770 3275.2;41163 4170479 1820.5 1075 10564 1356.8;16962 6205340 5470.2 6898 4945 3397.4;14123 5833752 2255.7 3375 4843 1613.4;20053 3433774 3363.2 2397 5800 1595.3;21788 8176718 5689.6 4271 6929 3434.6;15720 2452045 2594.3 2723 5710 1675.8;16195 3868440 2236 3823 5141 1997.7;57695 15760742 3900 1815 20944 3360.4;28814 16566820 10069.2 7550 8302 6623.2;31874 12982044 7590.2 4980 11161 5325.3; 10055 4280265 3533.6 6110 4441 2029.4;21471 5411707 2981.8 3558 7826 2704.2;10798 3055214 2683.6 4339 4173 1428;23794 13562526 11111.4 9309 7025 7122.5;

13313 6791715 5904.7 9392 4632 3880.5;13296 4760823 3343.5 5693 5533 3412;11950 4779274 3175.5 6342 5498 2834.2;28332 21794608 7973.4 9304

10829 9118.1;10296 3425788 2198.7 4719 4330 1600.8;12654 818139 423.9 836
4736 308.3;12457 3177165 2407.4 2808 5417 1403.6;10546 6075850 4412.9 8169
4501 3421.6;5787 2268157 1197.4 3757 3499 689.8;8970 3799702 2208.6 4483
4075 1188.9;10430 145607 231.1 281 2915 89.7;12138 3624805 2480.7 3735 3972
1522;8757 1412152 1022.6 2606 3810 717.5;11762 422437 408.5 548 4229 180.1;
11847 613570 498.7 604 5112 199;15000 2194628 1567.1 2050 4206 727.6];

```
% 注意到 6 项指标的数量级有较大差异, 先进行标准化处理
for i = 1:6
    m(i) = sum(X(:,i))/31;% 各列的均值
    v(i) = sum((X(:,i) - m(i)).^2)/30;% 各列的方差
    X1(:,i) = (X(:,i) - m(i))./sqrt(v(i));% 标准化
  end
y = pdist(X1);
z = linkage(y, 'ward');
h = dendrogram(z);
T = cluster(z,4);% 分四类的结果
```

运行后得谱系图 7 - 6.

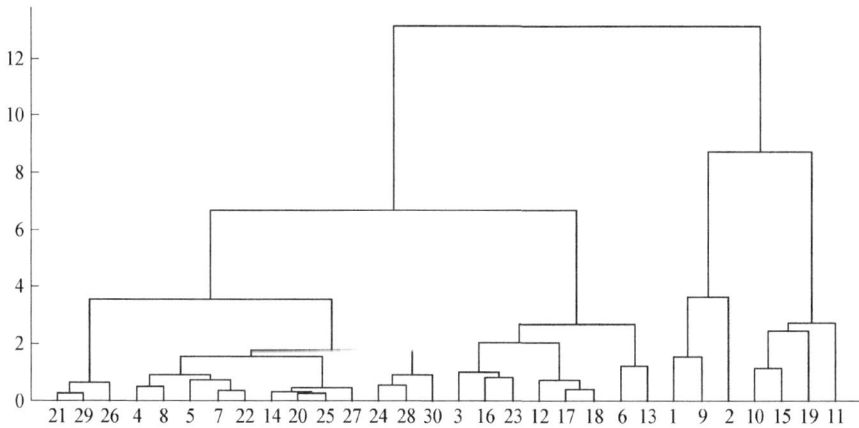

图 7 - 6　谱系图

最后得到的聚 4 类的分类结果如表 7 - 14 所示.

表 7 - 14　31 个地区的聚类结果

类　别	地　　　　区	地区个数
第一类	北京,天津,上海	3
第二类	河北,辽宁,安徽,福建,河南,湖北,湖南,四川	8
第三类	山西,内蒙古,吉林,黑龙江,江西,广西,海南,重庆,贵州,云南,西藏,陕西,甘肃,青海,宁夏,新疆	16
第四类	江苏,浙江,山东,广东	4

当然,也可以尝试分成 2 类、3 类、5 类等,另外不同的距离函数得到的分类结果也不同.此外,也可以用 SPSS 软件进行聚类分析.

7.3 学生实践案例

7.3.1 电动汽车充电站选址问题[①]

中国《电动汽车充电基础设施发展指南》提出,到 2020 年全国电动汽车保有量将超过 500 万辆,其中电动公交车超过 20 万辆,电动出租车超过 30 万辆,电动物流和环卫用车超过 20 万辆,电动公务与私人乘用车超过 430 万辆.可以预计,到 2020 年,按每度电 1.6 元人民币(0.8 元电费＋0.8 元服务费),电动汽车充电市场规模可达到 530 亿元～1 325 亿元人民币.

电动汽车的充电站等级根据某城市出台的《电动汽车电能供给与保障技术规范:充电站》这一标准文件,充电站的建设分为 4 个等级.

(1)一级充电站:充电站的充电能力至少为 6 800 kW/h,每天可为 200 辆以上大中型商用车或者 500 辆以上乘用车提供充电、电池更换服务.

(2)二级充电站:充电站的充电能力在 3 400 kW/h 与 6 800 kW/h 之间,每天可为 100～200 辆大中型商用车或者 200～500 辆乘用车提供充电、电池更换服务.

(3)三级充电站:充电站的充电能力在 1 700 kW/h 与 3 400 kW/h 之间,每天可为 40～100 辆大中型商用车或者 100～200 辆乘用车提供充电、电池更换服务.

(4)四级充电站:充电站的充电能力一般小于 1 700 kW/h,每天可为 40 辆以下大中型商用车或者 100 辆以下乘用车提供充电、电池更换服务.

本例主要考虑充电站的选址问题.前述城市一个区域内的候选充电站为 10 个,用户需求点的数目为 30 个.需求点与候选点位置坐标如表 7-15 和 7-16 所示,充电站的等级及其建设成本如表 7-17 所示.假设电动汽车的单位里程的充电成本都为 1 元/公里,根据电动汽车客户分布的特点,请建立一个同时考虑充电站初始建设成本和用户充电成本最小化的多等级充电站的选址模型,并确定充电站选址的位置、每个充电站的建设等级及各个需求点车辆选择充电站的分布情况.

表 7-15 需求点位置坐标及需求量

需求点	X	Y	需求量/辆
1	1 268.491 263	453.572 581	33
2	1 222.619 624	427.360 215	35
3	1 345.256 048	492.892 129	22
4	1 151.471 774	429.232 527	29
5	1 265.682 796	527.528 898	28

[①] 本例节选自 IMMC 2018 中华赛冬季赛 A 题,根据上海市嘉定一中俞洁妮的报告整理.

（续表）

需求点	X	Y	需求量/辆
6	1 207.641 129	589.315 188	34
7	1 167.386 425	630.506 048	37
8	1 166.450 269	582.762 097	45
9	1 142.110 215	528.465 054	37
10	1 045.686 156	503.188 844	45
11	1 087.813 172	597.740 591	50
12	948.325 941	605.229 839	33
13	831.306 452	426.424 059	29
14	816.327 957	350.595 43	35
15	927.730 511	382.424 731	43
16	823.817 204	493.827 285	42
17	816.327 957	584.634 409	23
18	689.946 909	444.211 022	34
19	760.158 602	241.065 188	31
20	678.713 038	271.958 333	37
21	567.310 484	409.573 253	41
22	568.246 64	333.744 624	24
23	529.816 247	461.997 984	29
24	420.334 005	459.189 516	32
25	191.911 962	335.616 935	32
26	240.592 07	211.108 199	22
27	400.674 731	204.555 108	24
28	541.098 118	235.448 253	26
29	596.331 317	482.593 414	33
30	695.563 884	501.316 532	31

表 7 - 16　充电站候选点位置坐标

候选点	X	Y
A	1 284.405 914	463.870 296
B	1 162.705 645	593.059 812
C	1 158.024 866	418.934 812

候选点	X	Y
D	857.518 817	562.166 667
E	772.328 629	343.106 183
F	725.520 833	302.851 478
G	574.799 731	448.891 801
H	464.333 333	377.743 952
I	205.954 301	315.021 505
J	920.241 263	427.360 215

表 7 - 17　充电站等级及建设成本

充电站等级	服务能力/(辆/天)	建设成本/万元
一	350	650
二	250	530
三	110	400
四	70	350

1. 问题分析

电动汽车因其环保节能的特性,近年来正受到越来越多的关注.本题是一个电动汽车充电站资源配置的问题,需要在充电站初始建设成本和用户充电使用成本最小化的前提下,考虑充电站的选址、每个充电站的建设等级及各个需求点车辆选择充电站的分布情况.

本题是一个多目标优化模型,需建立多目标优化函数,以实现使用成本最低和建设成本最低.为把两个目标函数合并为一个,可将使用成本以一年来计算,将建设成本依据使用年限平均分配到每一年.由于很难将两种成本同时考虑,我们先考虑建设成本,再考虑使用成本,在考虑建设成本优化的基础上,使使用成本最优化,使用聚类方法将需求点进行适当分类,进一步求出最优充电站选址.

2. 模型假设

(1) 建造成本:假设建站是在 10 个给定点中任选,不超出此范围.建电站使用年限约为 17 年,因此年均建造费用按总费用的 1/17 计算.

(2) 使用成本:选定建造点后,设所有需求点与建造点距离都采用欧氏距离,根据百度地图距离与给定坐标系单位距离比值,得到以公里为单位的各点距离(所给坐标 1 单位长度等于实际长度 0.135 km),并以年为单位统计使用成本.

3. 模型建立和求解

考虑以建造成本与使用成本为目标函数,各建站点服务量覆盖需求量为约束条件建立模型.

下面先考虑建站的数目.由题目所给数据,可得出各等级充电站服务能力与建设成本比值,如表 7-18 所示.

表 7-18　各等级充电站的服务能力与建设成本

充电站等级	服务能力/(辆/天)	建设成本/万元	服务能力与建设成本比值/(辆/万元·天)
一	350	650	0.538
二	250	530	0.472
三	110	400	0.275
四	70	350	0.2

由此,我们得到服务同样的需求时,等级越高(设一级为最高等级),相对成本越低.假如全部建造一级充电点,为满足 996 辆(表 7-15 中 30 个站点的需求量之和)的总需求,至少需建造 3 个充电站.

下面运用聚类分析来确定 30 个站点的分组,使用 MATLAB 软件将需求点的各坐标输入,然后计算平面上各点之间的欧氏距离,进一步利用 cophenet 函数计算聚类树信息与原始数据之间相关性的方法,计算各类重心.

程序如下:

```
X=[1268.491263    453.572581;1222.619624    427.360215;1345.256048
492.891129;1151.471774    429.232527;1265.682796    527.528898;1207.641129
589.315188;1167.386425    630.506048;  1166.450269    582.762097;1142.110215
528.465054;1045.686156    503.188844;1087.813172    597.740591;948.325941
605.229839;831.306452    426.424059;816.327957    350.59543;  927.730511
382.424731;823.817204    493.827285;816.327957    584.634409;689.946909
444.211022;760.158602   241.065188;678.713038   271.958333;567.310484   409.573253;
568.24664   333.744624;529.864247   461.997984;420.334005   459.189516;191.911962
335.616935;240.59207   211.108199;400.674731   204.555108;541.098118   235.448253;
596.331317    482.593414;695.563844    501.316532];
% 比较几种距离函数
y1=pdist(X);
z1=linkage(y1,'single');
y2=pdist(X);
z2=linkage(y2,'average')
y3=pdist(X)
z3=linkage(y3,'weighted')
y4=pdist(X);
z4=linkage(y4,'ward')
y5=pdist(X);
z5=linkage(y5,'complete')
c1=cophenet(z1,y1)
c2=cophenet(z2,y2)
c3=cophenet(z3,y3)
c4=cophenet(z4,y4)
c5=cophenet(z5,y5)
T=cluster(z2,3)
```

由此,将 30 个需求点分成三类:

第一类:需求点 1~11,共 395 辆/天.

第二类:需求点 12~24,29~30,共 523 辆/天.

第三类:需求点 25~27 共 78 辆/天.

由于第一类和第二类需服务车辆的总数均超过了最高等级充电站的服务能力,所以需要进一步分类.我们先将第一类中的第 10 号需求点划入第二类,再将合并后的需求过多的第二类利用 MATLAB 继续聚类分析,采用计算各类重心的方法将其再分为两类.

程序如下:

```
X1= [1045.686156 503.188844;948.325941 605.229839;831.306452 426.424059;
816.327957
350.59543;927.730511    382.424731;823.817204    493.827285;816.327957
584.634409;689.946909    444.211022;760.158602    241.065188;678.713038
271.958333;567.310484    409.573253;568.24664    333.744624;529.864247
461.997984;420.334005    459.189516;541.098118    235.448253;596.331317
482.593414;695.563844 501.316532]
y21= pdist(X);
z21= linkage(y21, 'average');
T1= cluster(z21,2);
```

这样将 30 个需求点共分为四类,如表 7-19 所示.我们得出满足需求的充电站的数目为 4 个,接下来确定这 4 个站建在什么地方.

首先,对聚类四类的结果绘制散点图,以各点重心为圆心,各类最远点坐标为半径作圆,得出在范围内的供应站(见表 7-19).

表 7-19 30 个需求点分四类的结果及各类内候选充电站

类 别	第一类	第二类	第三类	第四类
需求点	1~9, 11	10, 12~17	18~24, 28~30	25~27
充电站	A B C	D J	E F G H	I

接着计算 30 个需求点至 10 个充电站的距离,再计算分四类后,各类内的需求点到与它对应的各候选站的距离之和,见表 7-20.

表 7-20 各需求点到各类内各候选站的距离

A	B	C	D	E	F	G	H	I	J
48 207	34 384	50 116	36 316	64 895	57 480	41 882	58 023	6 481	24 256

最后根据距离与需求辆数乘积之和最小求得四类内最优的供应站点分别为:B,J,G,I.这样就确定了最终的建站位置,以及与各充电站对应的需求站.考虑到各充电站需服务车辆总数和建站的成本,进一步给出四个充电站的建站等级,最后得出每年总成本,见表 7-21.

表 7 - 21　分四类的建站情况及成本

	第一类	第二类	第三类	第四类
需求站与 选择充电站	1～9, 11 B	10, 12～17 J	18～24, 28～30 G	25～27 I
车辆数/(辆/天)	350	250	318	78
建站等级	一级	二级	一级	三级
年均建造成本/万元	38.235	31.17	38.235	23.53
年使用成本/万元	440.737 5			
年均总成本/万元	571.907 5			

这个结果,我们同时考虑了建造成本和使用成本尽可能最优.

下面再对其他几种情况进行分析比较.

(1) 我们以在分四类情况下建造成本最优为目标,得出的聚类及成本计算结果(见表 7 - 22)没有表 7 - 21 的结果好.

表 7 - 22　建造成本最优且聚类四类的结果

	第一类	第二类	第三类	第四类
需求站与 选择充电站	1～9, 11 B	10, 12～17 J	18～24, 27～30 G	25～26 I
车辆数/(辆/天)	350	250	363	54
建站等级	一级	二级	一级	四级
年均建造成本/万元	38.235	31.17	38.235	20.59
年使用成本/万元	450.318 75			
年总成本/万元	578.548 75			

考虑到建站的成本和使用成本之比,是不是分三类更好呢?

(2) 检验分三类情况下的综合最优分类结果,如表 7 - 23 所示.

表 7 - 23　聚类三类的结果

	第一类	第二类	第三类
需求站与 选择充电站	1～9, 11 B	10, 12~19, 30 J	20～29 H
车辆数/(辆/天)	350	346	300
建站等级	一级	一级	一级
年均建造成本/万元	38.235	38.235	38.235
年使用成本/万元	533.57		
年总成本/万元	648.275		

由于建站数目较少使得使用成本变大,所以此时总成本并不较分四类更好,那么分五类是不是更好呢?

(3)检验分五类情况下综合最优分类结果.

聚类五类的程序如下:

```
X=[1268.491263        453.572581;1222.619624        427.360215;1345.256048
492.891129;1151.471774        429.232527;1265.682796        527.528898;1207.641129
589.315188;1167.386425        630.506048;        1166.450269        582.762097;1142.110215
528.465054;1045.686156        503.188844;1087.813172        597.740591;948.325941
605.229839;831.306452        426.424059;816.327957        350.59543;        927.730511
382.424731;823.817204        493.827285;816.327957        584.634409;689.946909
444.211022;760.158602        241.065188;678.713038        271.958333;567.310484    409.573253;
568.24664        333.744624;529.864247        461.997984;420.334005        459.189516;191.911962
335.616935;240.59207        211.108199;400.674731        204.555108;541.098118        235.448253;
596.331317        482.593414;695.563844        501.316532]
y5= pdist(X, 'seuclid')
z5= linkage(y5, 'average')
T= cluster(z5,5)
```

最后结果如表 7 - 24 所示.

表 7 - 24   分五类的结果

	第一类	第二类	第三类	第四类	第五类
需求站与	1～5, 9～10	6～8, 11, 12, 17	13～16, 18, 21, 23, 24, 29, 30	19, 20, 22, 28	25～27
选择充电站	C	B	G	F	I
车辆数/(辆/天)	229	222	349	118	78
建站等级	二级	二级	一级	二级	三级
年均建造成本/万元	31.17	31.17	38.325	31.17	23.53
年使用成本/万元	490.56				
年总成本/万元	645.835				

如表 7 - 24 所示,由于建站总数增加使得成本增加,总成本也没有更优.我们将各情况建造成本、使用成本及总和变化趋势绘图表示,如图 7 - 7 所示.

经分析比较,在分四类情况下,表 7 - 21 所示结果最优.分三类情况下总体建造成本最优,但是使用成本在讨论的情况中最高,总体不是最优.分五类的情况下,尽管平均每一类的使用成本降低,但是总体使用成本也比分四类时高.

由于充电站服务同样的需求时,等级越高(设一级为最高等级),相对成本越低.所以随着分类增加,建站数量增多,建造站总体等级明显会有所降低,总建造成本升高,总体也没有更优.所以有理由推断,当分为六类及更多类时,平均每类使用成本会降低,但使用成本总量持续增大,充电站等级降低,建造成本持续增大,总成本升高.

综上,最优的分类结果和建站情况如表 7 - 25 所示.

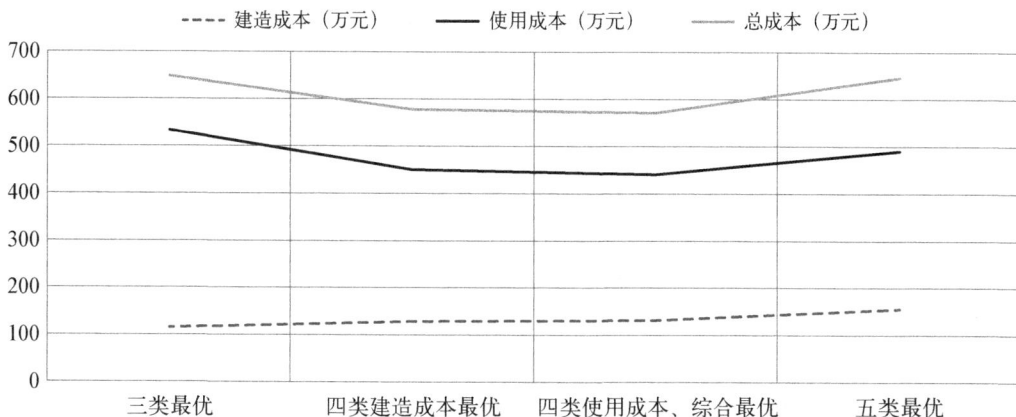

图 7-7　各聚类结果建造成本、使用成本及总和的变化趋势

表 7-25　最优的分类和建站

	第一类	第二类	第三类	第四类
需求站与 选择充电站	1~9, 11 B	10, 12~17 J	18~24, 28~30 G	25~27 I
建站等级	一级	二级	一级	三级

4. 模型的评价

模型优点：

（1）模型讨论的情况较多，使用模型较恰当，分类客观.检验结果较精确，数据依据充分，分类客观.

（2）讨论情况较多，覆盖较广，数据可靠，有说服力，检验结果较准确.

模型缺点：

（1）没有同时考虑使用成本和建造成本，而是先考虑使用成本，再考虑综合建造成本进行人工调整.

（2）使用成本直接考虑需求点到充电站的欧氏距离，忽略了道路实际情况，忽略了维修成本，与实际有些许差别.

7.3.2　智能微表情面审辅助系统[①]

2013 年，国家正式推出了普惠金融政策（inclusive finance），其目的为促进中小微企业发展.但是在这个政策推出后的一段时间内，银行每年在支持中小微企业的贷款发放力度一直处于裹足不前的状况.究其根本原因有三点：第一，中小微企业的企业主道德风险不可控；第二，中小微企业的行业发展前景不可控；第三，中小微企业一般属于轻资产公司，没有抵押物，发生风险，贷款难以回收.其中核心是第一点企业主的道德诚信风险，是决定贷款是否发放的第一要素.

---

① 本例选自 2018 年上海市数学建模活动赛题，由嘉定一中卫欣迪，顾家俊，马逸飞的参赛论文整理.

微表情是一种特殊的面部微小动作,可以作为判断人的主观情绪的重要依据,在公共安防和心理治疗领域有广泛的应用价值."微表情"一闪而过,通常受访者和观察者都察觉不到.比起人们有意识做出的表情,"微表情"更能体现人们真实的感受和动机.

场景描述:某中小微企业主陈某从事 IT 企业,男,年龄 43 岁,祖籍浙江,上海复旦大学电子工程系本科毕业.已婚,有两个孩子,一个 6 岁(男),一个 2 岁半(女).妻子不工作.公司工作地在上海.该企业主要服务于政府的税务、工商以及保险业.公司员工 20 名,年销售合同额 1 200 万.为了企业更好的发展,准备在大数据行业进行拓展,现在需要贷款资金 300 万(无抵押)用于企业的业务拓展.

现阶段已经向银行提交了贷款的申请资料,贷款书面审批已经通过,银行方决定作最后一次的面谈(或通过远程视频).银行希望得到你们团队的协助根据客户在这次面谈时回答问题的微表情,借助计算机"智能微表情面审辅助系统"对客户陈述的真实性作出判断,从而对客户申请材料的真实性作出判断,以最后决定贷款是否发放.

本题的任务就是通过构建相关的数学模型,来设计这个系统的具体开发方案.面审辅助系统设计中的具体要求如下.

1. 建立标准微表情数据表

(1) 请设定面部微表情至少 5 个基准点(如嘴角等)及其表现的量化指标和度量方法(不涉及记录的技术手段).银行将以受访者回答问题时,这些基准点的微小变化为依据作判断.必要时也可以考虑增加表情结合动作,但需说明理由.

(2) 银行将组织志愿受访者根据你们选定的基准点作大量测试,用以建立受访者说真假话时标准的微表情数据表.标准的微表情数据表将以最大程度地能够分辨出受访者回答问题时是否说谎为目的,在此基础上数据表要尽可能简单.要求你们按以下要求设计对志愿者提问的 10 个问题,并建立从志愿者的大数据提取标准的微表情数据表的数学模型.

对受访者问题的设计要求:

① 问题形式为选择题,答案仅"是"或者"不是"两种(最好与贷款不相关).

② 每个问题的设计尽可能做到相互不相关.

③ 对每个问题的设计,要说明理由.

2. 标准的微表情数据表的应用

应用标准的微表情数据表对投资者面谈,由其反应对其陈述的真实性进行综合打分.

(1) 先对投资者作先期询问(如回答志愿者相同问题),要考虑受访者个人微表情的特殊情况,如:习惯性眨眼、嘴角抽动等,在应用标准微表情表时做必要修正.请说明依据不同情况建议采用的问题,以及对标准微表情表修正的方法.

(2) 再由银行对投资者按事前设计好的 7 个问题(由银行设计的有关核对投资申请的重要问题)提问及记录微表情.这 7 个问题有不同的权重(即每个问题的重要性用一个指标,总权重为 1;也应考虑其中一个问题极其重要,可一题否决的情况).请建立一个数学模型,对投资者回答问题时的微表情作综合判断,提供银行关于其回答真实性的判断结果.

3. 数值模拟

应用你们尽可能收集到的数据或作实际调查试验得到的资料,建立标准微表情表的具体数值例子,并采用模拟数据对标准微表情表的有效性加以测试.及分析说明你们的结果.

1) 问题分析

本题的目标是建立相关的数学模型,根据客户在这次面谈时回答问题的微表情,借助计算机"智能微表情面审辅助系统"对客户陈述的真实性作出判断,从而对客户申请材料的真实性作出判断,以最后决定贷款是否发放.

针对问题一,我们先通过查阅文献,发现与人脸产生微表情有较大相关性的区域主要集中在眉毛、鼻子、下巴和嘴巴四个部位,为了保证方案的简洁性和可靠性,我们将人脸划分为四个区域,并在四个区域中进行基准点的选择.

考虑到微表情的持续时间短、幅度小,我们依据人类面部肌肉运动情况,通过检测肌肉形状变化量检测微表情.应用矢量相加的理论对微表情图像序列的关键帧进行检测来捕捉人的微表情.

由于建立的标准微表情数据表将以最大程度地分辨出受访者回答问题时是否说谎为目的,因此我们需要设计的 10 个问题应易于使得受访者撒谎且易于验证受访者在撒谎,若受访者在回答被设计问题时倾向于回答真话,则该问题没有太大意义.在触发受访者产生一个或多个与撒谎相关的微表情后,用矢量和相加的方法识别并记录这些微表情产生的描述区等数据,以此得到伴随撒谎的相关微表情.

我们提出 10 个问题采用"5+5"模式.首先,将所有受访者依据年龄分为三类,针对不同年龄段,我们提出 5 个普适性问题与 5 个针对该年龄段的个性化问题,以确保结果的准确性和全面性.

在提出 10 个问题时,我们分别统计描述区发生变化人数中的撒谎人数与仅描述区发生变化但未撒谎的人数,得到该描述区变化的人的撒谎概率,运用概率公式对受访者撒谎概率进行判断.

针对问题二,我们考虑到受访者在被提问时产生的微表情可能不全部由撒谎导致,在回答问题的同时可能伴有由于紧张等无关因素带来的影响,同时,受访者个人也可能有特殊情况,如会习惯性眨眼、抽动嘴唇等,这些因素都会干扰测谎结果.我们对问题一的微表情数据表做调整,提出两种修正方案.

在第一种修正方案中,我们将对受访者进行两轮提问,在第二轮提问中,确定其处于正常状态,描述区形变属于正常.将两次形变矢量相减得到一个值,定义其为标准波动值.运用此波动值对任一新成员作同样测试,若其波动值超出该波动值,我们可认为其有较大撒谎可能性.由于波动值是一个变化量,与受测者个人微表情的特殊情况无关,在实施本方案的情况下,可以不用特殊考虑习惯性眨眼、嘴角抽动等特征.

在第二种修正方案中,我们讨论描述区形变矢量高潮值 P 的正常范围,以此排除异常的与撒谎无关的描述区形变,提高结论准确性.

在银行对投资者的提问中,由于投资者向银行提供的申请材料中的大部分内容都可以作为事实,由银行查询审核,这些由银行核查内容的真实性不必借助微表情来判断,采用微表情反而会有部分主观因素存在因而影响判断,所以我们考虑在一些不能直接核查的方面,借助微表情来判断其真实性.

根据题中所提供的背景资料及相关内容,银行对中小微企业的贷款问题主要与中小微企业的发展前景、企业主的道德风险有关系,而企业主的道德诚信风险是决定贷款是否发放的第一要素.我们又询问了银行贷款方面的相关人员了解到,有关信用、资质、前景问题可存在一票否决的情况,所以我们将一题否决的情况设置在有关企业主道德风险的问题上.在提出问题的基础上,我们采用层次分析法确定问题权重,最后依据权重对投资人语言真实性进行综合判断.

针对问题三,由于对数据依赖性很大,我们只能主观进行数据模拟,先模拟每种微表情可能表示了被测者说谎的可能性大小,再对其最终得分进行模拟,通过其可能出现的各种微表情组合,确定不同的评价其信用度的方案.

2）模型假设

（1）假设事后都可知道受访者是否撒谎.

（2）假设微表情与受访者内隐态度具有相关性.

（3）假设所有基准点的行为是相互独立的.

3）变量表

变量说明如表 7-26 所示.

表 7-26　变量说明

符　号	说　　　　明
A_i	描述区 i
X_i	说真话的人数
x_i	撒谎的人数
a_i	描述区 i 在第一轮提问（10 个问题）中的形变次数
b_i	描述区 i 在第二轮提问（10 个问题）中的形变次数
c_i	问题 i 的标准波动值
$P(A_i)$	A_i 发生形变的人的比重
$P(L)$	撒谎的人的比重
$P(R)$	说真话的人的比重
P_{ji}	撒谎者回答第 j 个问题时描述区 i 的形变矢量高潮值
P'_{ji}	非撒谎者回答第 j 个问题时描述区 i 的形变矢量高潮值
P_k	问题 k 的说谎概率
w_k	问题 k 的权重

4）模型的建立与求解

问题一：建立标准微表情数据表.

（1）基准点选择.

通过查阅资料,我们发现与人产生微表情有较大相关性的区域主要集中在眉毛、鼻子、下巴和嘴巴四个部位,其他部位的肌肉运动绝大多数是被这四个部分的运动牵连导致的.因此,为了保证方案的简洁性和可靠性,我们依据这四个部位,将人脸划分为四个区域,并在四个区域中进行基准点的选择.

在实际情况中,眉毛、鼻子、下巴和嘴巴的变化确实能代表不同表情,但是嘴巴所能产生的动作更为复杂,如抿嘴唇与嘴角上扬可以同时发生,嘴唇与嘴角能产生不同的动作,带有不同的含义.

因此,我们选取眉毛左右内侧点、左右眼角、瞳孔(视线)、左右鼻翼、上下嘴唇中心点、左右嘴角和下巴 12 个基准点,根据受访者回答问题时这些基准点的微小变化,判断受访者的心理.

同时,通过查阅资料我们得知耸肩是说谎时经常发生的一个行为,因此可以考虑观察受访者是否耸肩.

(2)量化指标与度量方法.

我们依据人类面部肌肉运动情况,通过检测肌肉形状变化量检测微表情.

假设 n 维向量 $\boldsymbol{X} = \{x_1, \cdots, x_n\}$, $\boldsymbol{Y} = \{y_1, \cdots, y_n\}$,向量 $\boldsymbol{X}$ 和 $\boldsymbol{Y}$ 的矢量和为 $\boldsymbol{Z} = \{z_1, \cdots, z_n\} = \{x_1+y_1, \cdots, x_n+y_n\}$,依据平行四边形法则,向量 $\boldsymbol{Z}$ 表示向量 $\boldsymbol{X}$ 和向量 $\boldsymbol{Y}$ 的矢量和.对于面部的某个基准点 i,若 $\boldsymbol{X}$ 为 t 时刻的形变向量,$\boldsymbol{Y}$ 是 $t+1$ 时刻的形变向量,则 $\boldsymbol{Z}$ 就表示了 i 点在 t 和 $t+1$ 时刻的形变积累量.这时,如果 $\boldsymbol{X}$ 和 $\boldsymbol{Y}$ 的形变矢量主方向一致,$\boldsymbol{Z}$ 就会有一定幅度的增大;如果 $\boldsymbol{X}$ 和 $\boldsymbol{Y}$ 的形变矢量主方向不一致,$\boldsymbol{Z}$ 则会变小(见图 7-8).

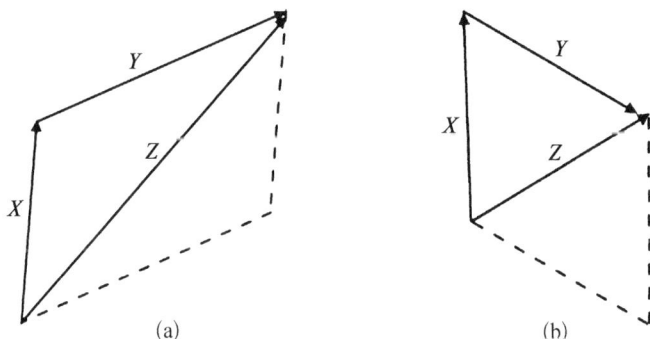

图 7-8　不同情况下矢量相加的平行四边形法则

为了更好地描述人脸基准点的运动趋势,在上述人脸基准点周围创建小范围描述区,该描述区中形变矢量平均值代表了该区域的运动趋势.因为嘴部肌肉纹理相对单一,所以我们将嘴部区域大小设置为 $10 * 10$,其他部位窗口大小设置为 $6 * 6$.

应用上述矢量相加的理论对微表情图像序列的关键帧进行检测的步骤如下.

S1:选取图像序列代表中性表情的某一帧作为基础帧,获取其形变量.

S2:计算图像序列每一帧中所有基准点的形变矢量.

S3:通过基准点形变矢量加和,获得图像序列每一帧基准点集群的形变矢量.

S4:设定形变阈值,计算各帧与基础帧在各基准点集群上的形变矢量之差高于阈值的帧值.

S5：筛选出 S4 中连续大于 8 帧的帧序列为微表情，其中形变矢量最大的帧选为高潮帧.

对于形变阈值和起始帧、结束帧的确定，首先假设高潮帧形变矢量大小为 $P(peak)$，当图像序列某一帧在感兴趣部位的矢量大小 $P_x > 0.5P(peak)$ 时，选入准微表情帧序列，该帧即为起始帧.由于数据库微表情样本最小帧序列长度为 8 帧，因此当序列长度连续大于 8 帧时认为发生了微表情.

图 7 - 9 表示高兴微表情样本的形变矢量，该样本是微表情数据库中尚未分割的原始视频片段，共有 120 帧，其中微表情帧序列长度为 42 帧，其主要运动基准点为右侧嘴角，曲线上的各个点代表帧值和形变大小，例如(20,7.6)表示第 20 帧相对基础帧的形变量为 7.6.

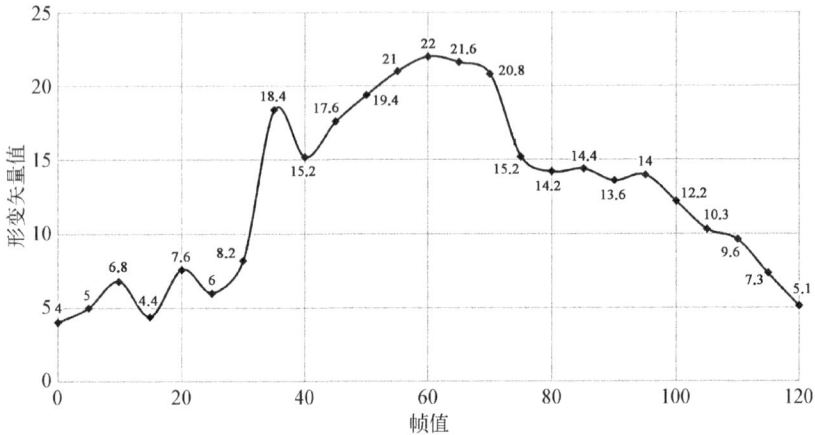

图 7 - 9　右侧嘴角形变矢量

（3）模型建立.

$$P(L|A_i\cdots A_j) = \frac{P(LA_i\cdots A_j)}{P(A_i\cdots A_j)} = \frac{P(L)\cdot P(A_i\cdots A_j|L)}{P(L)\cdot P(A_i\cdots A_j|L) + P(R)\cdot P(A_i\cdots A_j|R)},$$
$$i,j \in \{1,2,\cdots,12\}$$

其中，$P(L|A_i\cdots A_j)$ 表示 $A_i\cdots A_j$ 描述区产生形变的人说谎的概率.

（4）问题设计.

由于建立的标准微表情数据表将以最大程度地分辨出受访者回答问题时是否说谎为目的，因此我们需要设计的 10 个问题应易于使得受访者撒谎且易于验证受访者在撒谎，若受访者在回答被设计问题时倾向于回答真话，则该问题没有太大意义.在触发受访者产生一个或多个与撒谎相关的微表情后，用矢量和相加的方法识别并记录这些微表情产生的描述区等数据，以此得到伴随撒谎的相关微表情.

该方法运用的前提是已知受访者是否撒谎，并需要受访者回答自然，而不是刻意撒谎，因此被测试者在事前应不知道他们将在事后被询问是否撒谎，以确保数据的可信度.应在事后通过询问或其他方式得知受访者是否撒谎.

通过查阅资料我们得知，银行贷款者年龄范围为 18～60 岁.鉴于不同年龄段的人撒谎时所表现的面部特征可能不同，使其撒谎的"痛点"也略有不同，为了确保结论的准确性,我们将受访者依据其年龄分为 3 类:18～30 岁、31～50 岁、50～60 岁.对于提出的问题,我们采取"5＋5 模式".针对三个不同年龄段分别提出的 10 个问题,由两类构成,每类有 5 个问题,一类为可询问所有年龄段并使得受访者易于撒谎的共性问题,一类为针对该年龄段的个性问题,以此分析描述区与撒谎行为的相关性.

① 共性问题.

Q1:您是否有过过度消费?

与消费相关的尖锐问题,有过该经历的人大多不愿意被他人了解该项情况,容易撒谎.

Q2:您是否贪小便宜?

该项为普遍存在的情况,被他人知晓后有损形象,可能撒谎.

Q3:您是否能够坚持认真工作(学习)?

该问题的回答情况与个人形象相关,容易撒谎.

Q4:您是否乐于助人?

有关形象的问题,可能撒谎.

Q5:您是否欺骗过他人?

较可能存在的情况,且为有关人格形象的问题,容易撒谎.

② 18～30 岁的个性问题.

Q6:你是否会因为忙碌而放弃已经制定的计划?

该年龄段的青年会有争强好胜的心理,容易对此类问题不说真话.

Q7:你背叛过你的恋人吗?

属于隐私问题,个人对此可能表现出尴尬心理,不易透露,可能会撒谎.

Q8:你是否在家对你的长辈大吼大叫?

中国有家丑不外扬的习俗,即使在家中这么做了,也不大愿意透露,可能会以尊老爱幼等作为回答,有撒谎的可能性.

Q9:你是否会介意您的挚友对你有所隐瞒?

挚友与有所隐瞒充满冲突,有人可能嘴上说了不介意但是内心却不情愿,表现出纠结的样子.

Q10:你是否愿意施舍流浪者?

现在年轻人生活节奏快,即使自身想着要对他人充满善意,但大多数人都是遇到流浪者便匆匆而过,可能会撒谎.

③ 31～50 岁的个性问题.

Q6:您是否对你的伴侣保持真正的爱与坚贞?

31～50 岁属于中年,人到中年时关心的问题大多关于生活、工作与家庭生活,婚姻是一个尖锐的问题,在与伴侣相处一段时间后,难免因生活琐事产生厌烦情绪.

Q7:您是否让孩子感受到了真正的爱?

与孩子相关的问题上,自身对于自己的孩子可能比较严厉,或者有些别的自身因素,再加上孩子心智不成熟,孩子可能不会感受到真正的爱.但个人并不愿意让外人了解.

Q8:您是否会对小孩子产生厌恶情绪?

人到中年成熟之后,对于年幼小孩所做出的幼稚行为、说出的幼稚的话可能不屑一顾,而且时常吵闹,这样的行为可能被人格相对成熟的人所厌烦.

Q9:您是否会对讨厌的人虚与委蛇?

成年人为了避免冲突、保护自身或利益相关,可能会伪装自己,在特定的情况下做出不符合内心想法的行为.

Q10:您的成功是否都来自正当手段?

成长到中年的过程中难免会经历利益与道德的选择,很可能出现错误的选择.

上面 5 个方面都是关于生活中很尖锐的方面,这些问题的实情被众人知晓后可能对人的声誉产生影响,因此在被提问到有关这些方面的问题时很可能撒谎.

④ 51~60 岁的个性问题.

Q6:您是否后悔和现在的爱人在一起?

50 岁以后一个人的生活已经基本定型,人逐渐步入老年,会开始回忆往昔快乐的时光.年轻时的遗憾在此时可能被加强,会产生后悔情绪.但在对外场合于情于理都并不适合表达出"后悔与爱人在一起"的情绪,因此可能导致撒谎.

Q7:您是否觉得您为孩子做出的一切牺牲都值得?

回答"值得"可以显得自己伟大而无私,且在有些时候即使做出了不值得的牺牲碍于面子也不愿意说出来.

Q8:您是否对您现在的生活满意?

50 多岁时人的生活已经基本定型,年轻时的高远志向与现实生活的残酷冲突,可能导致受访者撒谎.

Q9:您是否会对不让座的青年感到愤怒?

"让座问题"一向是个敏感问题,不少老年人内心趋向于希望青年让座,但表面上则不会表现出来,因此可能诱导受访者撒谎.

Q10:您是否支持中国大妈跳广场舞?

对于文化层次较高、较低的两种不同群体,他们对广场舞这一活动的看法可能是不尽相同的.文化层次较高的群体可能并不欣赏这一活动,但不好意思明确表现;文化层次较低的群体可能支持这一活动但不好意思表现.因此可诱导受访者撒谎.

(5) 标准的微表情数据表.

我们对受访者提出 10 个问题后,可能会引起相应描述区的形变.

假设有 100 名受访者,每个受访者回答 10 个问题,最终我们将得到 1 000 组数据.

在提出 10 个问题后,我们统计回答 10 个问题时,描述区发生变化的人中说真话的人数之和与撒谎的人数之和,通过将同一描述区形变时,10 个问题各个人数求和的方式消除其他因素对 10 个问题的影响,并得到表格 7 - 27.

表 7 - 27　100 名受访者的形变数据表

	A_1	A_2	A_3	$\cdots$	A_{12}
说真话的人数	X_1	X_2	X_3	$\cdots$	X_{12}
撒谎的人数	x_1	x_2	x_3	$\cdots$	x_{12}
形变总人数	X_1+x_1	X_2+x_2	X_3+x_3	$\cdots$	$X_{12}+x_{12}$

同时,我们统计并计算出 1 000 组数据中说真话人数占比 $P(R)$ 与撒谎人数占比 $P(L)$,并计算出 $P(A_i|L)=\dfrac{P(LA_i)}{P(L)}$,即撒谎的人中 A_i 描述区形变的人的比重;以及 $P(LA_i)=P(L)\cdot P(A_i\mid L)$,即撒谎且描述区 A_i 发生形变的人的比重.

综上,若一位受访者的描述区 A_i 发生形变,即仅有一个微表情出现时,由条件概率公式可得,其的说谎概率为

$$P(L\,|A_i)=\frac{P(LA_i)}{P(A_i)}=\frac{P(L)\cdot P(A_i|L)}{P(L)\cdot P(A_i|L)+P(R)\cdot P(A_i|R)}.$$

当一位受访者有两个描述区发生形变,即受访者有两个微表情时,同理可得:

$$P(L\,|A_iA_j)=\frac{P(LA_iA_j)}{P(A_iA_j)}=\frac{P(L)\cdot P(A_iA_j|L)}{P(L)\cdot P(A_iA_j|L)+P(R)\cdot P(A_iA_j|R)}.$$

因此,我们可以推得,当受访者产生多个微表情时,其撒谎概率为:

$$P(L\,|A_i\cdots A_j)=\frac{P(LA_i\cdots A_j)}{P(A_i\cdots A_j)}=\frac{P(L)\cdot P(A_i\cdots A_j|L)}{P(L)\cdot P(A_i\cdots A_j|L)+P(R)\cdot P(A_i\cdots A_j|R)},$$

$i,j\in\{1,2,\cdots,12\}$.

我们暂定,当该值大于 0.5 时,认为受访者有较大概率说谎.

问题二:标准的微表情数据表的应用.

(1) 模型建立.

$$P=\sum_{k=1}^{7}w_k\cdot P_k,\ k\in\{1,2,\cdots,7\}.$$

下面给出两种修正方案.首先给出第一种修正方案.

考虑到受访者在被提问时产生的微表情可能不全部由撒谎导致,在回答问题的同时可能伴有由于紧张等无关因素带来的影响,同时,受访者个人也可能有特殊情况,如会习惯性眨眼、抽动嘴唇等,这些因素都会干扰测谎结果.我们对问题一的微表情数据表做调整,提出修正方案.

我们将进行两轮提问.在两轮提问中使用相同的问题,并分别记录每一个问题中每位受访者的 12 个描述区在一轮提问(10 个问题)中的形变次数.

在第一轮提问中,受访者情绪可能会紧张,因此我们捕捉到的描述区形变矢量会与该情绪相关,提问同时记录每一个问题中每位受访者的 12 个描述区在一轮提问(10 个问题)中的形变次数 a_i;随后进行第二次相同的提问,假设受访者此时已有准备,能做到心平气和地回答问题而不会表现出与紧张等因素相关的微表情,再次记录每一个问题中每位受访者的 12 个描述区在一轮提问(10 个问题)中的形变次数 b_i.

在两轮提问结束后,通过后期询问,分别统计所有受访者在诚实回答某一问题时 12 个描述区的形变次数,计算两轮提问形变次数的差值 a_i-b_i.

3σ 准则又称为拉依达准则,它是先假设一组检测数据只含有随机误差,对其进行计

算处理得到标准偏差,按一定概率确定一个区间,认为凡超过这个区间的误差,就不属于随机误差而是粗大误差.

我们统计所有受访者 12 个描述区的 $a_i - b_i$ 值,先计算其平均值 $\overline{a_i - b_i}$,再得到其标准差 σ,最后得到其 3σ 区间.

由此,我们可以计算 $a_i - b_i$ 的 3σ 区间,并将其认作正常、不撒谎状态下,受测者在紧张与平和情绪之间描述区可接受的波动值,定义其为标准波动值 c_i.

运用此波动值对任一新成员作同样测试,若其波动值超出该波动值,我们可认为其有较大撒谎可能性.由于波动值是一个变化量,与受测者个人微表情的特殊情况无关,在实施本方案的情况下,可以不用特殊考虑习惯性眨眼、嘴角抽动等特征.

在对投资者运用的过程中,只需通过先期询问,测试其平和状态下 12 个描述区的形变次数,再记录其回答银行有关问题时相同类型的数据,计算其波动值,与标准波动值做比对,观察该波动值是否在 3σ 区间外,即可得知投资者是否撒谎.

下面给出第二种修正方案.

在询问上述问题的同时,我们采用了矢量和相加的方法捕捉受访者面部描述区的形变矢量,记录在高潮点 P 的数值,统计所有 P 值.

在得知受访者是否撒谎后,我们将所有受访者分为撒谎者和未撒谎者.

针对撒谎者,我们统计在回答问题 j 时他们所产生的特殊微表情在各个描述区 A_i 的形变矢量高潮值 P_{ji},对同一描述区的 P 取平均值 $\overline{P}$,建立表格(见表 7 - 28).

表 7 - 28　10 个问题对应的各个描述区的形变矢量高潮值和均值

	A_1	A_2	A_3	...	A_{12}
Q1	$P_{1,1}$	$P_{1,2}$	$P_{1,3}$	...	$P_{1,12}$
Q2	$P_{2,1}$	$P_{2,2}$	$P_{2,3}$	...	$P_{2,12}$
...	...	...	...	...	...
Q10	$P_{10,1}$	$P_{10,2}$	$P_{10,3}$	...	$P_{10,12}$
均值	$\overline{P}_1$	$\overline{P}_2$	$\overline{P}_3$	...	$\overline{P}_{12}$

针对非撒谎者同样建立表格,统计他们在回答问题时相同描述区的 P'_{ji}(正常形变矢量),得到 $\overline{P'}$.可知在区间 $[\overline{P'}, \overline{P}]$ 内的形变基本由于撒谎导致,而在该区间外的形变则可能受其他因素影响,在捕捉时,可除去包含该区间外的形变的微表情以提高结果的准确性.

(2)投资者陈述真实性判断模型.

由于投资者向银行提供的申请材料中的大部分内容都可以作为事实,由银行查询审核,这些由银行核查内容的真实性不必借助微表情来判断,采用微表情反而会有部分主观因素存在因而影响判断,所以我们考虑在一些不能直接核查的方面,借助微表情来判断其真实性.

根据题中所提供的背景资料及相关内容,银行对中小微企业的贷款问题主要与中小微企业的发展前景、企业主的道德风险有关系,而企业主的道德诚信风险是决定贷款是否发放的第一要素,我们又询问了银行贷款方面的相关人员了解到,有关信用、资质、前景问题可存在一票否决的情况,所以我们将一题否决的情况设置在有关企业主道德风险的问题上.

问题需与投资者的道德层次与公司经济实力等相关.我们认为拖欠员工工资与投资人道德水准相关,假如投资人在此问题上撒谎,则他的诚信问题较为严重;同时,还要考虑到公司的前景、资金周转情况等因素,若投资者在此类问题上撒谎,他的诚信也有较大问题.

在此基础上,我们提出下面 7 个问题:

Q1:您有过拖欠员工工资的经历吗? 您的公司福利情况如何? 请谈一谈.

Q2:您的妻子有定居国外吗? 若有或有该想法,请谈谈你的看法.

Q3:您公司资金周转流畅吗,速度快吗,负债数额大吗,有出现过问题吗? 请谈一谈.

Q4:若将来您贷款后资金周转出现问题,无法及时还贷,您会如何解决?

Q5:您公司有遇到过业务瓶颈吗? 若有,谈谈您的解决方案.

Q6:您的业务营业利润大吗,您对此满意吗? 您觉得还有什么方法能提升营业利润?

Q7:您公司向其他银行同时贷款了吗? 您有与其他企业寻求合作吗?

鉴于题目中给出的投资人贷款为 300 万的无抵押贷款,银行需要得知若其无法还贷应怎样解决,而投资者若在此问题上给出模棱两可的不真实回答,则证明他没有考虑过此类风险,银行可以认为该投资者有个人不诚实、不正直或不轨企图,可能会导致风险事故发生,所以我们将问题 4 定义为可以"一票否决"的问题.

这里我们采用层次分析法给出 7 个问题的权重,并依据权重对投资者的诚信度进行判断.

我们对每个问题做出重要性判断,其中,问题 4 为有"一票否决"作用的问题(见表 7-29).

表 7-29　7 个问题的重要性

问　题	1	2	3	4*	5	6	7
重要性	8	5	5	9	4	3	2

第一步,建立层次结构模型,如图 7-10 所示:

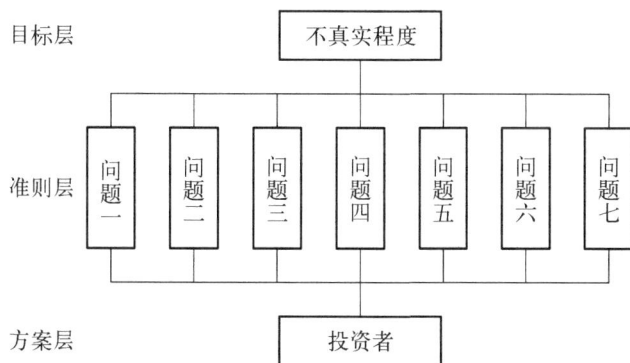

图 7-10　投资者诚信度层次结构模型

127

第二步,构造判断矩阵 $A = \begin{bmatrix} 1 & 3 & 3 & 1/2 & 4 & 5 & 6 \\ 1/3 & 1 & 1 & 1/5 & 2 & 3 & 4 \\ 1/3 & 1 & 1 & 1/5 & 2 & 3 & 4 \\ 2 & 5 & 5 & 1 & 5 & 6 & 7 \\ 1/4 & 1/2 & 1/2 & 1/5 & 1 & 2 & 3 \\ 1/5 & 1/3 & 1/3 & 1/6 & 1/2 & 1 & 2 \\ 1/6 & 1/4 & 1/4 & 1/7 & 1/3 & 1/2 & 1 \end{bmatrix}$.

第三步,代入 MATLAB 程序计算得到权重并进行一致性检验,得到权向量:

$$w = (0.247\,6,\ 0.108\,0,\ 0.108\,0,\ 0.389\,1,\ 0.069\,8,\ 0.045\,8,\ 0.031\,7).$$

最大特征值 $\lambda_{\max} = 7.220\,9$.

$CI = 0.036\,8, CR = 0.027\,1 < 0.1$,表明通过一致性检验.

在向投资者提出问题 k, $k \in \{1, 2, \cdots, 7\}$ 时,依据问题一中的模型,可以得到问题 k 的说谎概率 P_k.

$$P_k = P(L|A_i \cdots A_j) = \frac{P(LA_i \cdots A_j)}{P(A_i \cdots A_j)} = \frac{P(L) \cdot P(A_i \cdots A_j | L)}{P(L) \cdot P(A_i \cdots A_j | L) + P(R) \cdot P(A_i \cdots A_j | R)}.$$

在 7 个问题提问结束后,计算投资者说谎概率 P: $P = \sum\limits_{k=1}^{7} w_k \cdot P_k$.

由于问题 4 的关键性,若 $P_4 > 0.5$,则证明该投资者有严重诚信问题,被一票否决,不予贷款.

若 $P_4 < 0.5$,则计算 P. 若 $P > \frac{1}{7} \times 0.5$,则该投资者话语真实性较低,存在诚信问题,银行将不予贷款.

问题三:数值模拟.

由于资料查阅难度较大,数据难以收集,我们依据先前总结出的经验,主观赋值进行数据模拟,模拟过程如下:

假设有 100 名志愿者,我们通过 10 个问题测试与后期询问两个环节,收集了其一处面部基准点数据以及说真假话人数,有 20 名志愿者说了假话,80 名志愿者说了真话,即 $P(L) = 0.2$, $P(R) = 0.8$. 由于我们需要收集 12 种面部微表情特征,于是用 $20/12 = 1.6$,四舍五入取 2,意义是在撒谎的人里约有 2 人露出了这一种微表情特征,得 $P(A_i | L) = 0.1$. 我们认为,说真话的人里不容易表现出太多微表情,因此 80 人中取 40 人可能出现微表情,用 $40/12 = 3.6$,取 4 人,得 $P(A_i | R) = 0.05$.

再由公式 $P(L|A_i) = \frac{P(LA_i)}{P(A_i)} = \frac{P(L) \cdot P(A_i | L)}{P(L) \cdot P(A_i | L) + P(R) \cdot P(A_i | R)}$,计算得 $P(L|A_i) = 1/3$.

同理可模拟其他面部基准点所得数据. 在此我们假设每一处基准点的形变所表示的被测者说谎的可能性一致,都取 $P(L|A_i) = 1/3$.

随后模拟一个受测者,对其进行测试,记录其回答的问题.我们认为,若其每题得分大于 0.5,则说明其有说谎嫌疑,而其最终得分若大于 0.5/7＝0.071,则说明其有说谎嫌疑.

我们对其回答问题时的面部微表情作组合计算,模拟其可能得分.若其在 Q1,Q4 时透露出一些微表情,则其最终得分必定大于 0.071.在一票否决问题上出现嫌疑,则建议不要放贷.

同理,若其在回答任意四个问题中都透露出了微表情,则其最终所得分必定大于 0.071,说明其说谎的可能性很大,建议不要放贷.

我们认为,在一定问题中,若有半数左右问题出现嫌疑,则其说谎的可能性会加大许多,建议不要放贷.因此该微表情数据表的有效性较依赖于问题本身.

5）模型的推广及评价

（1）模型一优缺点.

优点：不需要对受访者的表情进行识别,只需要记录受访者面部基准点的活动情况,然后运用概率来计算受访者说谎的可能性,避免了对受访者是否说谎问题一刀切的想法,能通过大量数据得出较为可靠的说谎概率用以作为判别标准,模型准确度较高.

缺点：对志愿者的要求较高,模型假设较为主观.对大数据的依赖性较高,无法离开数据单独存在.无法准确判断受访者是否说谎,只能提供其说谎的可能性,仅可作为测谎的一种参考.

（2）模型二优缺点.

优点：运用统计学概念,对面部基准点的变化作大量采集,前后作对比,消除紧张等情绪下回答问题时面部表情的变化,以可接受波动值作为标准,为测谎提供一种新思路.引入形变矢量,运用大数据对谎言作出排查,更为客观.运用层次分析,每个层次中的每个因素对结果的影响程度都是量化的,较为清晰明确.

缺点：层次分析定量数据较少,定性成分多,较为主观,不易令人信服.

（3）模型推广.

对模型一,通过调整问题的内容,可以用来提取不同方面的标准.

对模型二,权重可根据问题内容的不同进行调整,可应用于实际问题中不同的情况.

习　题

1. 在某旅游点,有人用 20 枚签（其中 10 枚标有 5 分分值,10 枚标有 10 分分值）设赌.让旅客从中抽取 10 枚,以 10 枚签的分值总和作为奖罚依据,具体奖罚金额见下表.

分　值	50, 100	55, 95	60, 65, 85, 90	70, 75, 80
奖罚金额	奖 100 元	奖 10 元	不奖不罚	罚 1 元

有奖有罚,在 11 个分值中有 4 个分值可以获奖,且最高奖额为 100 元,只有 3 个分值要受罚,而罚额仅为 1 元,是不是很有吸引力？试计算一下,这些奖是不是这么好拿.

2. 某零售商为了解每周的广告费与销售额之间的关系,记录了如下资料:

广告费/万元	40	20	25	20	30	50	40	20	50	40	25	50
销售额/百万元	385	400	395	363	475	440	490	420	560	525	480	510

试画出散点图,分析二者之间的近似函数关系,用回归分析计算回归方程.

3. 某城市 1995—2004 年间的有关饮食消费、居民收入、储蓄额、食品价格指数和其他商品价格指数的详细数据见下表.试建立饮食消费与居民收入、储蓄额、食品价格指数、其他商品价格指数的多元线性回归方程,并预测 2005 年的饮食消费情况.

年　份	饮食消费/万元	居民收入/万元	储蓄额/万元	食品价格指数/%	其他商品价格指数/%
1995 年	16.8	165.8	34.2	90	93
1996 年	19.2	176.5	42.6	92	95
1997 年	20.8	200.1	52.1	94	97
1998 年	24.4	210.6	58.1	98	98
1999 年	28.4	234.8	68.1	100	100
2000 年	31.6	261.2	80.1	102	101
2001 年	37.8	296.4	88.3	106	103
2002 年	38.6	320.6	98	110	107
2003 年	41.6	348.7	101.2	113	110
2004 年	45.3	398.4	109.3	114	111

4. 为了研究近年来中国经济的发展状况,收集了 1989—2002 年中国国内生产总值(GDP)指数(上年=100),如下表所示,试使用聚类分析划分增长段.

年　份	1989 年	1990 年	1991 年	1992 年	1993 年	1994 年	1995 年
指数/%	101.4	103.8	109.2	114.2	113.5	112.6	110.5
年　份	1996 年	1997 年	1998 年	1999 年	2000 年	2001 年	2002 年
指数/%	109.6	108.8	107.8	107.1	107.8	107.3	108.0

第8章
学生范文选编

8.1 地球的人口承载能力

8.1.1 题目[①]

（1）分析并给出当前条件下限制地球承载人口数量的主要因素.

（2）运用数学建模确定在当前条件和技术下地球的人口承载能力.

（3）在可预见的未来条件下,人类可以做什么来提高地球的人口承载能力? 这些条件可能是什么?

8.1.2 范文[②]

摘 要

地球对人类生命的承载能力是一个有趣而值得研究的问题.不同于已知的随时间变化的人口模型,本文从影响因素的角度出发研究人口变化.首先对当今条件下影响环境承载力的因素进行关联性判断,得出最有效的因素选取;随后根据选取的因素,由整体到局部的分析其对地球人数的影响,采用多因素下的 Logistic 模型和多因素下的极限最值模型进行分析比较,得出后者为误差较小、结果较理想的方案,同时给出当前条件下地球承载人口数量的上限;最后在极限最值模型中分别调整单个因素的上限,联动分析人数变化的趋势,最终求出我们认知范围内的极限人口数量.具体分析如下:

针对第一问,建立灰色关联分析模型,借助软件计算影响因素与人口规模的关联度,以此判断各因素的影响大小,选取主要因素.首先选取了若干地球承载能力的影响因素,主要分为自然因素与社会因素,接着搜集各因素的不同数据,并对各因素的数据进行无量纲化处理,然后采用灰色关联分析模型,通过 MATLAB 计算各因素所组成的序列与参考序列对应因素的关联系数得出关联序,由此判断出影响环境承载能力的主要因素依次为:食品生产指数、能源使用量、二氧化碳排放量、GDP.

---

① 本题选自 IMMC 2019 中华国际数学建模挑战赛国际赛赛题,原题为英文,作者译.

② 本范文系嘉定一中唐浩南,张子萌,朱颖,安紫菲的参赛论文,获特等入围奖.

针对第二问,我们首先使用了多因素的 Logistic 模型,但是通过运算发现误差很大,不能作为在极限情况下地球承载人数的判断.随后改为由局部到整体的策略,介于第一问中各个因素并没有显著的关联性,因此第一步研究每个因素对人数的单独影响,在极端假设(其他因素不会有范围界限)下,采用一元多项式回归模型计算得出各单一因素下人数的极限.第二步考虑各个因素确定的地球承载人数上限不同,通过在各因素的最大值中取最小值得出本文所求的地球承载极限,定义该方法为极限最值模型.该模型误差较小,因素的调节更加有效.

针对第三问,在第二问已得结论的基础上可知能源资源可提供相对较大的人口承载力,但人口承载力最大值取决于各因素所决定的人口承载力的最大值中的最小值,因此需要在保持承载力最大的因素不变的情况下,提升人口承载力较小的因素的上限,且要提升的因素本身的最大极值可通过调节自身变量来提升其上限,因此本文选择提升二氧化碳排放量和食品生产指数的上限,来提升人口最大值中的最小值.由于第二问中使用的二氧化碳排放量的参数最大值定为空气中二氧化碳排放量最大值,从而可通过提升二氧化碳的吸收量及相对减少排放量来提高排放量所能达到的最大值;而食品的生产主要受农业用地面积、谷物产量及农业增加值等因素的影响,这些均可通过改变自身变量的现状去影响因素本身的最大上限.通过将提升后的因素最大极限值分别带入极限最值模型即可得到提升后的地球承载力的上限.

关键字:灰色关联分析法;Logistic 模型;多项式回归模型;极限最值模型

一、前言

随着人口的快速膨胀,人们对地球资源的需求量日益增多.无论是水资源、矿产资源,抑或是植被,对人类的生存都缺一不可.然而,不断灭绝的稀有物种,有限的淡水资源,全球变暖的加剧,不可再生资源的消耗,无一不预示着,地球对人类生命的承载能力是有限的.

二、问题重述

环境承载能力是指环境对生物物种的承载能力,是因为环境中有食物、栖息地、水和其他必需品,所以可以无限期维持物种的最大种群规模.环境承载能力由三个指标来衡量.首先是资源供给指标,包括水、土地、生物量、能源供给量;其次是社会影响指标,包括经济实力(如固定资产投资与拥有量)、污染治理投资、公用设施水平、人口密度、社会满意程度;最后一个指标是环境容纳指标,包括排污量、绿化状况、净化能力等.

第一问,需要确定限制地球对人类生命承载能力的主要因素.因为环境承载能力由资源供给、社会影响、环境容纳三个指标衡量,且其中任何一个因素均会在不同程度上影响人类生存,所以可选择计算在自然因素中土地资源、能源资源、植被覆盖率等因素,以及社会因素中科技水平、经济水平等因素对承载力的影响.需要通过建模分析确定,在当今条件下,哪些因素是限制地球对人类生命承载能力的主要因素.

第二问,需要确定地球对人类生命的承载能力.考虑限制地球对人类生命承载能力的有关因素,如土地资源、森林资源、水资源等,在第一问已分析得出的主要影响因素的基础上建立模型,分析在当今条件和技术下地球对人类生命的承载能力,即环境可以无限期维持物种的最大种群规模.

第三问,需要在第二问得出结论的基础上,根据所了解的相关情况,确定在预期的未来条件下,提出人类现实中可通过何种方式提高地球对人类生命的承载能力,可通过调整主要因素的自身变量提高地球对人类生命的承载能力.

三、模型假设

(1) 忽略不可抗力因素对地球承载能力的影响.

(2) 忽略各影响因素间的相关关系.

(3) 忽略科技发展对于资源变化与生产的影响.

(4) 假设权重相对较大的因素足够影响地球承载能力.

(5) 题中地球对人类生命的承载能力由人口规模加以评判.

(6) 只取权重相对较大的因素作为模型的考虑对象.

(7) 假设空气中能含有二氧化碳的最大值就是本文中二氧化碳能排放的最大值.

四、符号定义与说明

符号定义与说明如表 8-1 所示.

表 8-1　符号说明表

序　号	符　号	意　　　义	单　位
1	m	参考因素的项数	项
2	n	选取年份的项数	项
3	$x'_n(m)$	第 n 年第 m 个参考因素的数值	/
4	$x'_0(m)$	参照值	/
5	$x_n(m)$	第 n 年第 m 个参考因素无量纲化后的数值	/
6	$x_0(m)$	无量纲化后的参照值	/
7	y	人口预测值	/
8	x	各因素预测值	/
9	b_m	方程系数	/
10	$f_i(x_i)$	各因素对人口规模的变化函数	/
11	x_1	能源使用量(人均千克石油当量)	/
12	x_2	二氧化碳排放量	千吨
13	x_3	食品生产指数	%
14	Z	人口规模极限值	亿人

五、模型的建立与求解

(一) 问题一:限制承载能力的主要因素

1. 模型建立

在假设条件下,根据题目和查找到的资料,选取四个自然因素与四个社会因素作为影响地球人口数量的承载能力的影响因素.确定影响地球对人口数量的承载能力的主要因素.从以上因素出发,用灰色关联分析法确定各因素与人口规模之间的关联程度,因此需要计算各因素与人口规模的关联系数及其均值,于是建立以下模型:

各因素所组成的序列与参考序列对应因素的关联系数 $\zeta_i(k)$:

$$\zeta_i(k)=\frac{\min\limits_{i}\min\limits_{k}|x_0(k)-x_i(k)|+\rho\cdot\max\limits_{i}\max\limits_{k}|x_0(k)-x_i(k)|}{|x_0(k)-x_i(k)|+\rho\cdot\max\limits_{i}\max\limits_{k}|x_0(k)-x_i(k)|},\ k=1,\cdots,m.$$

其中，$x_0(k)$ 为参照值，$x_i(k)$ 为影响因素的数值.

为了反映影响因素与人口规模的关联关系，计算关联系数的均值，即关系序 r_{0i}：

$$r_{0i}=\frac{1}{m}\sum_{k=1}^{m}\zeta_i(k).$$

2. 模型求解

经查找，本文选取了森林面积、水资源、能源使用量、土地面积、二氧化碳排放量、GDP、食品生产指数、高科技出口这八个影响因素，通过访问世界银行数据库得到了上述八个因素的相关数据，如表 8-2 和表 8-3 所示：

表 8-2　各影响因素的数据统计(1)

年　份	森林面积 /平方公里	水资源 /亿立方米	能源使用量 /（人均千克石油当量）	GDP/万亿美元
2000 年	40 556 022.2	433 881.72	1 634.979	33.598
2001 年	40 510 303.2	433 881.26	1 634.23	33.401
2002 年	40 464 584.1	433 881.19	1 647.005	34.686
2003 年	40 418 865	433 875.48	1 686.193	38.926
2004 年	40 373 145.9	433 929.55	1 737.502	43.845
2005 年	40 327 426.9	433 897.33	1 764.7	47.487
2006 年	40 293 287.4	433 921.26	1 794.233	51.446
2007 年	40 259 148	433 910.17	1 821.617	57.953
2008 年	40 225 008.5	433 908.57	1 827.239	63.575
2009 年	40 190 869.1	428 099.62	1 793.732	60.267
2010 年	40 156 729.6	428 099.55	1 871.896	65.966
2011 年	40 123 650.9	428 109.51	1 878.752	73.317
2012 年	40 090 572.3	428 090.49	1 890.815	74.994
2013 年	40 057 493.6	428 099.73	1 893.486	77.099
2014 年	40 024 414.9	428 089.91	1 920.58	79.188

表 8-3　各影响因素的数据统计(2)

年　份	二氧化碳排放量 /千吨	土地面积 /平方公里	食品生产指数/%	高科技出口 /万亿美元
2000 年	24 689 911	127 375 468.4	88.485	1.158
2001 年	25 276 631	127 374 346.8	89.42	1.049

(续表)

年 份	二氧化碳排放量 /千吨	土地面积 /平方公里	食品生产指数/%	高科技出口 /万亿美元
2002 年	25 646 998	127 372 154.5	91.222	1.067
2003 年	27 047 792	127 372 048.9	93.83	1.193
2004 年	28 393 581	127 370 317.9	97.538	1.395
2005 年	29 490 014	127 370 253.3	99.947	1.474
2006 年	30 568 112	127 366 164.3	102.65	1.746
2007 年	31 180 501	127 365 994.2	106.188	1.768
2008 年	32 181 592	127 349 938.4	110.279	1.842
2009 年	31 891 899	127 348 308	111.753	1.565
2010 年	33 472 376	127 350 580.6	114.48	1.78
2011 年	34 847 501	127 351 158.5	118.134	1.942
2012 年	35 470 891	127 347 417.3	119.464	2.002
2013 年	35 837 591	127 346 324.2	123.771	2.11
2014 年	36 138 285	127 344 955.6	125.602	2.15

并列出如下矩阵:

$$(\boldsymbol{X}_1', \boldsymbol{X}_2', \cdots, \boldsymbol{X}_n') = \begin{pmatrix} x_1'(1) & x_2'(1) & \cdots & x_n'(1) \\ x_1'(2) & x_2'(2) & \cdots & x_n'(2) \\ \vdots & \vdots & \vdots & \vdots \\ x_1'(m) & x_2'(m) & \cdots & x_n'(m) \end{pmatrix}$$

为确定各影响因素与人口规模之间的关联程度,需要设立一个理想的比较标准,本文选取人口总量作为参照值并建立参考数据列,如下:

$$\boldsymbol{X}_0' = (x_0'(1), x_0'(2), \cdots, x_0'(m)).$$

由于各影响因素和人口总量的物理意义不同,首先将已收集到的数据进行无量纲化处理:

$$x_i(k) = \frac{x_i'(k) - \overline{x_i'}}{s},$$

其中 $i = 0, 1, \cdots, n$, $k = 1, 2, \cdots, m$, $s = \sqrt{\dfrac{1}{m-1} \times \sum_{i=0}^{n} (x_i'(k) - \overline{x_i'})}$.

建立无量纲化后的数据矩阵,如下:

$$(\boldsymbol{X}_0, \boldsymbol{X}_1, \cdots, \boldsymbol{X}_n) = \begin{pmatrix} x_0(1) & x_1(1) & \cdots & x_n(1) \\ x_0(2) & x_1(2) & \cdots & x_n(2) \\ \vdots & \vdots & \vdots & \vdots \\ x_0(m) & x_1(m) & \cdots & x_n(m) \end{pmatrix}$$

结合关联系数的模型以及关系序的模型,利用 MATLAB 编程进行灰色关联分析.

3. 结论

经计算得出各影响因素与参考序列的关联度由大到小进行排列,如表 8-4 所示.

表 8-4 影响因素的关联度

影 响 因 素	关 联 度
食品生产指数	0.972 067 168
能源使用量	0.954 097 41
二氧化碳排放量	0.939 857 569
GDP	0.938 237 675
高科技出口	0.873 845 907
森林面积	0.546 667 13
土地面积	0.501 334 64
水资源	0.499 001 63

由于 GDP 指数是衡量一个国家(或地区)经济状况指标,在理想状态下可以无限增大,因此本文在此不予考虑.影响环境承载能力的主要因素是食品生产指数、能源使用量、二氧化碳排放量.

(二)问题二:确定承载能力

1. 模型建立

在假设条件下,构建确定当今条件和技术下地球对人类生命的承载能力的模型,应当使各影响因素无限接近极限值并预测此状态下人口规模的数值.

模型建立如下:

$$Z = \min \{\max[f_1(x_1)], \max[f_2(x_2)], \max[f_3(x_3)]\},$$

$$\text{s.t.} \quad \begin{cases} 0 < x_1 \leqslant 27\,829.313\,54, \\ 0 < x_2 \leqslant 76\,000\,000, \\ 0 < x_3 \leqslant 394.833. \end{cases}$$

其中各因素分别影响的人口总数为

$$f_i(x_i) = b_0 + b_1 x + b_2 x^2 + \cdots + b_m x^m.$$

2. 模型求解

本文选取食品生产指数、能源使用量、二氧化碳排放量、GDP 作为主要影响因素.通过 Seeker、Quora 等网站,得到当空气中二氧化碳浓度达到 $1\,520 \times 10^{-6}$ mol/L 时将引发一系列自然灾害,由于大气质量为固定值 5×10^{18} kg,在假设条件下通过该值可计算二氧化碳质量 $1\,520 \times 10^{-6} \times 5 \times 10^{18}$ kg $= 7.6 \times 10^7$ kt,于是将该值作为二氧化碳排放量的阈值.

通过 OPEC 官方网站得知地球上现有原油储量为 1.5×10^{12} 桶,根据单位换算 $1.5 \times$

$$10^{12} \times \frac{1}{7} \div (7.7 \times 10^9) \approx 27\,829.313\,54(\text{kg/人})$$，于是将 $27\,829.313\,54$ kg/人定为能源使用量的阈值.

通过 FAO 官方网站查询得食品生产总量的最大值约为 $36\,908.594$ 万吨，引用食品生产指数的定义计算得 $\frac{36\,908.594}{93.479} = 394.833\%$，定为食品生产指数的阈值.

利用以上三个极限值，结合一元 n 次多项式回归模型（这里采用了三次多项式），通过 MATLAB 编程进行回归分析得出预测值并绘制图像.

二氧化碳排放量、能源使用量、食品生产指数的运算值与真实值对比如图 8-1 至图 8-3 所示.

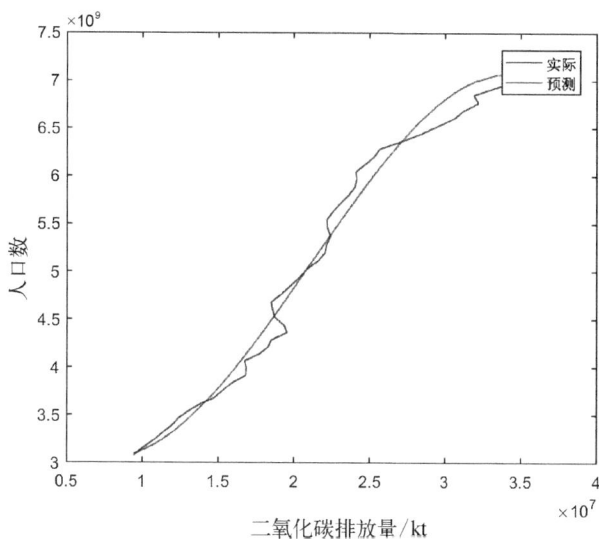

图 8-1　二氧化碳排放与人口数拟合效果

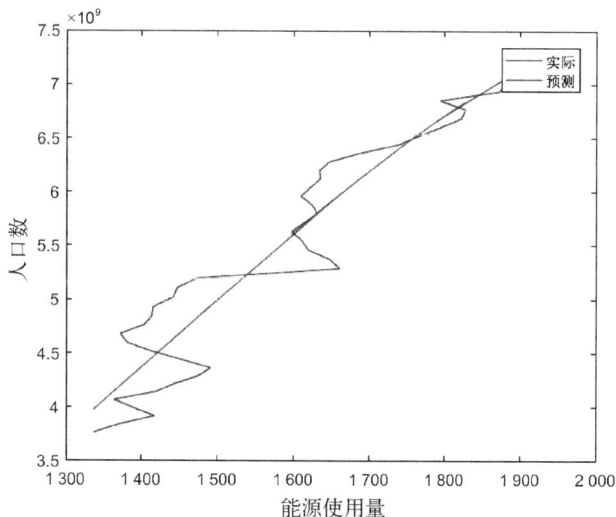

图 8-2　能源使用量与人口数拟合效果

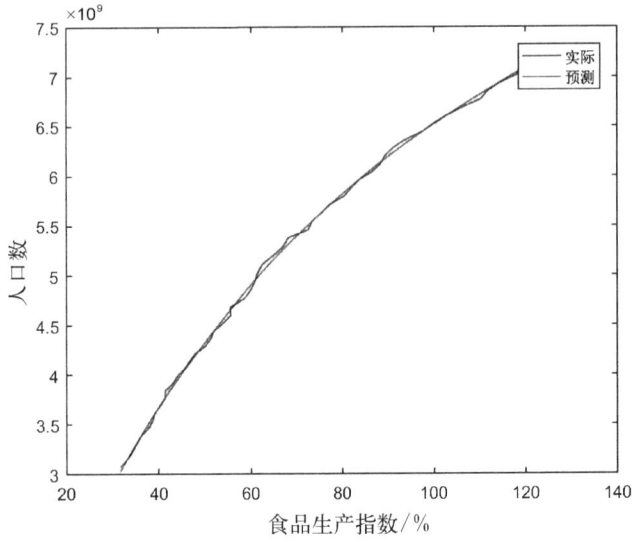

图 8‑3　食品生产指数与人口数拟合效果

显然,一元 n 次多项式回归分析得出的预测结果与实际结果误差较小,相较于 Logistic 回归分析更可信.

运用 MATLAB 对食品生产指数、能源使用量、二氧化碳排放量的历史数据进行拟合,计算出方程系数为

$$\begin{cases} b_0 = -4.487\,2 \times 10^{-22}, \\ b_1 = 2.827\,7 \times 10^{-14}, \\ b_2 = -3.638\,5 \times 10^{-7}, \\ b_3 = 4.389\,1. \end{cases}$$

3. 结论

得出方程系数后,计算出在各因素数值达到极值的情况下,地球对人类的最大承载力,如表 8‑5 所示.

表 8‑5　各因素极限值下地球对人类的最大承载力

序　号	主要影响因素	极　限　值	人口预测值(亿)
1	能源使用量(人均千克石油当量)	27 829.335 4	845 441.750 8
2	二氧化碳排放量/千吨	76 000 000	−569.161 256 2
3	食品生产指数/%	394.833	535.864 567 9

其中,由于二氧化碳排放量与人口总数呈负相关,由此当二氧化碳排放量达到极值时,人口总数为负数.

通过比较可得

$$Z = 535.864\,567\,9.$$

在当今条件与技术下,地球可承载的人口规模为 535.864 567 9 亿人.

(三)问题三:提高承载能力的建议

1. 问题分析

第三问需要在第二问得出结论的基础上,根据所了解的相关情况,确定在预期的未来条件下,提出人类现实中可通过何种方式提高地球对人类生命的承载能力,可调整主要因素的自身变量以使地球对人口承载能力提高.

2. 问题演算

(1)确定因素的主要变量.

在第二问已得结论的基础上可知能源资源可提供相对较大的人口承载力,但人口承载力最大值取决于各因素所决定的人口承载力的最大值中的最小值,因此需要在保持承载力最大的因素不变的情况下,提升人口承载力较小的因素的上限,且要提升的因素本身的最大极值可通过调节其自身变量来提升其上限,因此本文选择提升二氧化碳排放量和食品生产指数的上限,从而提升人口最大值中的最小值.

由于第二题中使用的二氧化碳排放量的参数最大值定为空气中二氧化碳排放量最大值,从而可通过提升二氧化碳的吸收量及相对减少排放量来提升排放量所能达到的最大值;而食品的生产受农业用地面积、谷物产量及农业增加值主要因素的影响.其二者均可通过改变自身变量的现状从而去影响因素本身的最大上限.

通过查询资料得知,影响二氧化碳排放量的变量有:燃烧煤发电量、工业增加值、森林面积,而影响食品生产指标的自身变量有:农业用地面积、谷物产量、农业增加值.

利用灰色关联分析法分别计算各影响变量与二氧化碳排放量的关联度和各影响变量与食品生产指数的关联度,如表 8-6 所示.

表 8-6 影响二氧化碳和食品生产指数的各因素的关联度

影响二氧化碳因素	关联度	影响食品生产指数因素	关联度
燃煤炭发电量	0.332 57	农业用地面积	0.381 59
工业增加值	0.433 88	谷物产量	0.903 25
森林面积	0.836 52	农业增加值	0.236 42

如表 8-6 所示,森林面积对二氧化碳排放量的影响最显著,而谷物产量对食品生产指标的影响最显著,因此本文将从森林面积与谷物产量两方面提出建议,从而提升地球对人口的承载能力.

(2)预测人口规模.

通过将提升后的因素的最大极限值分别代入极限最值模型计算可得,在此极限条件下人口规模的大小,以此检验该变量对地球承载力是否有提升的作用.

首先通过查询得知一平方公里的森林可吸收的二氧化碳量,以及土地面积,通过公式运算:

单位森林面积可吸收的二氧化碳量×土地面积+空气中二氧化碳排放量的最大值
=未来二氧化碳排放量的极限值

得出未来二氧化碳排放量的极限值为 88 738 094.247 千吨.通过极限最值模型计算得出人口预测值为−1 187.684 854 亿人.

随后通过查询得到单位面积谷物产量,通过公式计算:

谷物单产×土地面积=未来谷物产量极限值

得出未来谷物产量极限值为 95.535 7 亿 kg.采用一元多项式回归分析法可得人口预测值为 22 252.049 78 亿人.

显然,人口预测值大于第二问中当今条件下的人口预测值,因此,本文的改进方案是合理且有效的.

3. 建议与对策

(1) 利用生物技术,在植物中导入优良基因使单棵植物吸收二氧化碳的能力增强,并合理地大规模种植.

(2) 退耕还林,将易造成水土流失的坡耕地有计划、有步骤地停止耕种,按照适地适树的原则,因地制宜地植树造林,恢复森林植被.

(3) 封山绿化,对自然保护区内的现有林草植被采取封禁措施严加保护,对宜林荒山荒地尽快恢复林草植被,并实行严格管护,确保绿化成果.

(4) 土壤补肥,提高农作物产量与品质.

(5) 提高机械化、专业化水平,扩大产业规模,提高农作物产量与品质.

六、模型的推广与评价
略.

七、参考文献

[1] 志学红,赵美芳.中国经济增长对二氧化碳排放量影响的实证研究[J].环境与可持续发展,2018,43(6):129-134.

[2] 陈丽宇.基于灰色系统模型的银川市耕地资源人口承载力研究[J].安徽农业科学,2010,38(17):9131-9133.

[3] 魏一鸣,范英,蔡宪唐,等.人口、资源、环境与经济协调发展的多目标集成模型[J].系统工程与电子技术,2002,24(8):1-5.

[4] 陈彦光.人口与资源预测中 Logistic 模型承载量参数的自回归估计[J].自然资源学报,2009,24(6):1105-1114.

[5] 封志明,杨艳昭,闫慧敏,等.百年来的资源环境承载力研究:从理论到实践[J].资源科学,2017,39(3):379-395.

8.2　校准加速度计

8.2.1　题目[①]

现代智能电子设备可以用作导航仪或计步器,并且可以识别用户是走路、跑步,还是乘车;设备可以确定其在空间中的方向,并相应地将图像定位在屏幕上.在解决所有这些和许多其他任务时,会用到所谓的加速度计.最简单的(单通道)加速度计具有特定的方向,即灵敏度轴.当此灵敏度轴理想地垂直向下时,静止的加速度计将精确录得 g 的读数,其中 g 表示重力加速度.通常,静止加速度计的读数可用来计算其轴线垂直向下方向上的偏离,即与重力方向的偏差.如果将多个单通道加速度计附于设备上,则可以根据各个加速度计轴的所有位置确定设备在空间中的总体方向.

然而,要制造出完全避免缺陷的加速度计是不可能的.传感器缺陷导致读数误差,例如,所有读数系统性地偏移一定的量及在比例上的变化,即一定次数的增加或减少,都会导致误差.将传感器安装或加工在加速度计时的缺陷,会导致灵敏度轴与设备壳体轴线的轻微偏差.

要确切发现特定的加速度计如何扭曲其读数,并且对这些失真进行数字校正,则要执行校准的程序.一种校准方法是在加速度计外壳的几个精确的固定位置上确定加速度计的读数,并利用这些数据创建一个公式,将有偏差的加速度计读数与其位置联系起来.然后,该公式可用于确定加速度计在任意位置上的方向.

您团队的任务是提出公式/模型,在加速度壳体空间位置给定的条件下,计算实际(有偏差的)加速度计的预期读数.

该任务有三个版本,依据单通道传感器的数量,其难度递增.在所有版本中,都是当加速度计处于静止的固定位置时,取得加速度计的读数.读数是按照小的相等时间间隔测量得到的一系列数值,测量时将壳体置于给定的固定位置,然后从一个位置转到另一个位置(数据在 Excel 文件 xC_f_eng 当中).鉴于不完美性与噪声,即使在相同的位置,测量值也会有差别.另一方面,垂直向下指向的加速度计的理想(非失真)读数应等于 1,对于向上指向的轴,读数应为 -1;而对于倾斜的轴,它应等于向量 $\bar{g}$ 在其轴上的投影.用于测量的固定位置乃是通过向量 $\bar{g}$ 在这些位置中的理想加速度计轴上的投影来描述,这些位置数据在 Excel 文件 xC_g_eng 中给出.

任务版本 1.0　单通道加速度计

在此任务中,假设加速度计灵敏度轴与其壳体轴完全一致.其读数在两个位置测量:a. 轴垂直向下;b. 轴垂直向上.而且假定加速度计的位置仅在一个平面中变化,即它完全由灵敏度轴与向下方向之间的角度确定.

---

① 本题选自 IMMC 2019 中华赛冬季赛 C 题.

任务版本 2.0　双通道加速度计

这里的加速度计由两个单通道加速度计 X 和 Z 组成,这两个加速度计刚性地连接到单独单元中,并附着于它们的公共壳体,使得它们的轴沿着壳体的 X 和 Z 方向的轴定向.然而,由于安装缺陷,它们在 XZ 平面中略微偏离这些方向.它们的读数是通过壳体的四个位置测量得到,见于单独的文件中所描述的向量 $\bar{g}$ 在壳体轴上的投影.在此任务中,我们假设加速度计的位置仅在其 XZ 平面中变化,而其 Y 轴是水平的并保持所放置的位置.

任务版本 3.0　三通道加速度计

加速度计由三个单通道加速度计组成,它们刚性连接到单独的单元中,并置于壳体中;三个灵敏度轴沿着壳体的 X、Y 和 Z 轴定向,但由于安装缺陷,这两套三元组轴并不完全一致.加速度计读数是在 20 个位置测量得到.在此任务中,对加速度计的可能位置不设限制.

8.2.2　范文①

摘　要

设备可以通过加速度计确定其在空间中的方向,并相应地将图像定位在屏幕上.最简单的(单通道)加速度计具有特定的方向,即灵敏度轴.如果将多个单通道加速度计附于设备上,则可以根据各个加速度计轴的所有位置确定设备在空间中的总体方向.由于存在各种情况对此造成的误差,本课题研究的目的是发现特定的加速度计如何扭曲其读数,并且执行相关校准的程序,对这些失真进行数字校正,得到可信的真实数据.

在本文研究过程中,主要通过由一维空间到三维空间逐次研究的思路,采用大数据代入处理和量化简化,使结论更客观也更清晰.在任务 1.0 中,由于所提供的数据方差接近于 0,忽略了随机误差造成的影响,简化了数学模型,减短了校正的时间;在任务 2.0 中,将联立的较为复杂的方程运用矩阵化为更为直观清晰的形式,运用 MATLAB 对所有数据进行求解,并在逆问题中将矩阵转化为逆矩阵的形式,进行验证.在任务 3.0 中,在三维空间的基础上增加了变量,得出了衍生模型,同时用点的距离公式对位置进行了讨论求解.

本文建立的数学模型是线性回归模型、矩阵模型和点的距离模型.一元线性回归模型构成了整体的框架,可得到误差较小的精确结果.矩阵模型用于简化计算,清晰直观,点的距离模型则用于确定位置,可节省大量时间.这些模型直观地反映了整个课题的研究思路,同时本文也运用残差图对偏差的数据进行观测,利于模型的进一步改进和优化.

本文的优势包括对题目中的任务 1.0、2.0、3.0 逐步进行研究,层层深入;对题目中的数据运用线性回归模型,拟合出的结果误差很小;对任务 2.0 和 3.0 中存在的旋转角度进行线性化处理并且用矩阵形式进行表述.

关键词：误差校正;一元/多元线性回归模型;点的距离公式模型;矩阵模型;最小二乘法;残差图;MATLAB

一、前言

现代智能电子设备可以用作导航仪或计步器,并且可以识别用户走路、跑步、乘车等

---

①　本范文系嘉定一中顾子鸿,朱奕澈,张哲娴,叶嘉文的参赛论文,获二等奖.

多种情形；当此灵敏度轴理想地垂直向下时，静止的加速度计将精确录得 g 的读数，其中 g 表示重力加速度.通常，静止加速度计的读数可用来计算其轴线垂直向下方向上的偏离，即与重力方向的偏差.

然而，加速度计的误差总是存在的.例如，由于传感器缺陷所有读数系统性地偏移一定的量，同时在比例上的变化，以及将传感器安装或加工在加速度计时的缺陷，也会导致灵敏度轴与设备壳体轴线的轻微偏差.

本文是为了发现特定的加速度计如何扭曲其读数，并且执行相关校准的程序，对这些失真进行数字校正，得到可信的真实数据.

二、问题重述

使用所提供的校准数据集，提出公式/模型，在加速度计壳体空间位置给定的条件下，计算实际(有偏差的)加速度计的预期读数.

解决逆问题，即创建公式/模型，或描述一种方法，以令我们可用给定的加速度的实际读数计算出加速度计组的壳体所在的空间位置.

三、模型假设

(1) 假设所有读数系统性地偏移一定的量(系统误差).

(2) 假设存在传感器安装或加工在加速度计时的缺陷，会导致灵敏度轴与设备壳体轴线的轻微偏差(旋转轴误差).

(3) 假设比例上的变化，即一定次数的增加或减少，都会导致误差(比例误差).

(4) 假设加速度计都是在处于静止的固定位置时再读数.

(5) 假设测量值与实际值大致上偏差较小.

(6) 假设当有多个加速度计时，它们刚性连接到独立单元中并附着于它们的公共壳体，使得它们的轴沿着壳体对应的轴的方向定向.

四、符号定义与说明

符号定义与说明如表 8 - 7 所示。

表 8 - 7　符号说明表

符　号	说　明	符　号	说　明
k	比例系数	a	位置偏移量
x_i	第 i 次测量的真实数据	ε	随机误差
y_i	第 i 次测量的实际数据	R^2	线性回归模型判断系数
$\bar{y}$	所有实际数据的平均值	$\hat{y}_i$	实际数据的随机值
A_x	X 轴加速度计的输出	A_y	Y 轴加速度计的输出
A_z	Z 轴加速度计的输出	G_x	X 轴方向的重力加速度分量
G_y	Y 轴方向的重力加速度分量	G_z	Z 轴方向的重力加速度分量
O_x	X 轴的零位误差	O_y	Y 轴的零位误差
O_z	Z 轴的零位误差	S_{xx}	X 轴的刻度因素产生的误差
S_{yy}	Y 轴的刻度因素产生的误差	S_{zz}	Z 轴的刻度因素产生的误差
$S_{xy}, S_{xz}, S_{yx}, S_{yz}, S_{zx}, S_{zy}$		加速度计的坐标轴旋转产生的误差	

五、模型建立与求解

（一）任务版本 1.0

1. 模型建立

由题设条件可知：假设加速度计的位置仅在一个（垂直）平面中变化，完全由其灵敏度轴的角度确定，并且灵敏度轴与其壳体轴完全一致.根据上述假设与假设（1）、（3）可建立一元线性回归模型：

$$y = kx + a + \varepsilon, \tag{8.1}$$

其中，k 根据假设（3）设定为比例系数，a 根据假设（1）设定为位置偏移量，ε 表示随机误差.

由数据 $\varepsilon \sim N(0, \sigma^2)$ 得：当 $i \in (2, 1\,495)$，$\sigma^2 \approx 0.000\,047\,277$ 近似为 0；当 $i \in (1\,496, 2\,989)$，$\sigma^2 \approx 0.001\,045$ 也近似为 0.所以 ε 也近似为 0.模型（8.1）可近似看作：

$$y = kx + a, \tag{8.2}$$

将公式（8.2）变形易得：

$$x = \frac{y - a}{k}. \tag{8.3}$$

2. 模型求解

将表格 1C_f_eng.xls 中的所有点 (x_i, y_i) 都代入模型，利用 MATLAB 命令 regress 可得：

$$a = -0.074\,7, \quad k = 1.004\,1,$$

其中，a 的置信区间为 $[-0.076\,2, -0.073\,2]$，k 的置信区间为 $[1.002\,7, 1.005\,6]$.原始数据 y_i 的总变异平方和 $SST = \sum_{i=1}^{n}(y_i - \bar{y})^2$，拟合直线 $\hat{y}_i = kx_i + a$ 可得的变异平方和 $SSR = \sum_{i=1}^{n}(\hat{y}_i - \bar{y})^2$，残差平方和 $SSE = \sum_{i=1}^{n}(y_i - \hat{y}_i)^2$.同时用 MATLAB 作出相应的残差图（见图 8-4）.因此可得判断系数 $R^2 = \frac{SSR}{SST} = \left(1 - \frac{SSE}{SST}\right) = 0.998\,34$，近似于 1，说明模型是可用的.

由此逆问题可以看作已知 y_i，求 x_i，将该模型逆推易得：

$$x_i = \frac{y_i - a}{k}, \tag{8.4}$$

为验证逆推公式是否成立，我们可代入表中数据根据其真实值与测量值之间的关系判断，判断过程如下：

任意代表格 1C_f_eng.xls 中的数据进公式（8.4），这里我们以两个不同的数据为例：

当代入数据为 $y_{1\,070} > 0$ 时，可得求出的 $x_{1\,070} = 1.009\,789\,862$ 很接近于理想真实值 1.

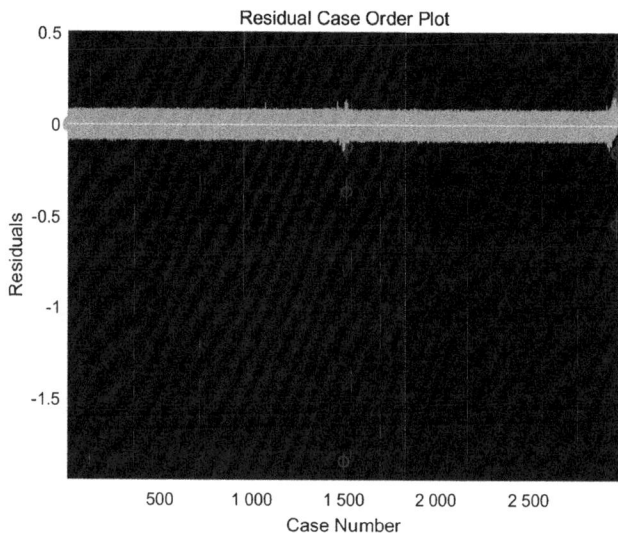

Residual Case Order Plot

图 8-4　任务 1.0 的 X 轴方向残差

当代入数据为 $y_{1\,501} < 0$ 时,可得求出的 $x_{1\,501} = -0.953\,291\,504$ 很接近于理想真实值 -1.

故综合上述数据可以得出逆推公式(8.4)也是实际可用的.

(二) 任务版本 2.0

1. 模型建立

由题设条件可知:假设加速度计的位置仅在 X、Z 平面中变化,而其 Y 轴是水平的并保持所放置的位置.在该假设与假设(1)、(2)、(3)的基础上,同理根据公式(8.2)以及所设的各类变量,综合可以列出如下公式:

$$\begin{cases} \boldsymbol{A}_x = \boldsymbol{O}_x + \boldsymbol{S}_{xx}\boldsymbol{G}_x + \boldsymbol{S}_{xz}\boldsymbol{G}_z \\ \boldsymbol{A}_z = \boldsymbol{O}_z + \boldsymbol{S}_{zx}\boldsymbol{G}_x + \boldsymbol{S}_{zz}\boldsymbol{G}_z \end{cases}, \tag{8.5}$$

将上述模型写成矩阵形式可得:

$$\begin{bmatrix} \boldsymbol{A}_x \\ \boldsymbol{A}_z \end{bmatrix} = \begin{bmatrix} \boldsymbol{O}_x \\ \boldsymbol{O}_z \end{bmatrix} + \begin{bmatrix} \boldsymbol{S}_{xx} & \boldsymbol{S}_{xz} \\ \boldsymbol{S}_{zx} & \boldsymbol{S}_{zz} \end{bmatrix} \begin{bmatrix} \boldsymbol{G}_x \\ \boldsymbol{G}_z \end{bmatrix}, \tag{8.6}$$

同理,此时逆问题的求解方式即可转换为下面的公式:

$$\begin{bmatrix} \boldsymbol{G}_x \\ \boldsymbol{G}_z \end{bmatrix} = \begin{bmatrix} \boldsymbol{S}_{xx} & \boldsymbol{S}_{xz} \\ \boldsymbol{S}_{zx} & \boldsymbol{S}_{zz} \end{bmatrix}^{-1} \left(\begin{bmatrix} \boldsymbol{A}_x \\ \boldsymbol{A}_z \end{bmatrix} - \begin{bmatrix} \boldsymbol{O}_x \\ \boldsymbol{O}_z \end{bmatrix} \right). \tag{8.7}$$

2. 模型求解

同样地,我们分别将 X 轴、Z 轴数据进行线性回归运算,即同式(8.1)、(8.2)、(8.3)的过程,最后可解得:

在 X 轴方向上:$\boldsymbol{O}_x = -0.129\,6$,$\boldsymbol{S}_{xx} = 0.993\,4$,$\boldsymbol{S}_{xz} = 0.047\,5$.

在 Z 轴方向上: $\boldsymbol{O}_z = -0.070\,6$, $\boldsymbol{S}_{zx} = 0.141\,6$, $\boldsymbol{S}_{zz} = 0.995\,3$.

将所求出的数据代入矩阵式(8.5)中得到:

$$\begin{bmatrix} \boldsymbol{A}_x \\ \boldsymbol{A}_z \end{bmatrix} = \begin{bmatrix} -0.129\,6 \\ -0.070\,6 \end{bmatrix} + \begin{bmatrix} 0.993\,4 & 0.047\,5 \\ 0.141\,6 & 0.995\,3 \end{bmatrix} \begin{bmatrix} \boldsymbol{G}_x \\ \boldsymbol{G}_z \end{bmatrix}. \tag{8.8}$$

所以,对于逆问题的模型而言,同任务版本 1.0 方法将其代入矩阵式(8.7)中可得:

$$\begin{aligned} \begin{bmatrix} \boldsymbol{G}_x \\ \boldsymbol{G}_z \end{bmatrix} &= \begin{bmatrix} 0.993\,4 & 0.047\,5 \\ 0.141\,6 & 0.995\,3 \end{bmatrix}^{-1} \left(\begin{bmatrix} \boldsymbol{A}_x \\ \boldsymbol{A}_z \end{bmatrix} - \begin{bmatrix} -0.129\,6 \\ -0.070\,6 \end{bmatrix} \right) \\ &= \begin{bmatrix} 1.013\,5 & -0.048\,4 \\ -0.144\,2 & 1.011\,6 \end{bmatrix} \left(\begin{bmatrix} \boldsymbol{A}_x \\ \boldsymbol{A}_z \end{bmatrix} - \begin{bmatrix} -0.129\,6 \\ -0.070\,6 \end{bmatrix} \right) \end{aligned} \tag{8.9}$$

证明有关逆问题所求数据可用矩阵式(8.9)较为精确的得到,代入表格 2C_f_eng 中的第九行的数据可以得到:

$$\begin{cases} \boldsymbol{G}_x = 1.540\,319 \times 10^{-3} \\ \boldsymbol{G}_z = 1.009\,688\,9 \end{cases}$$

此时由数据可得: $\boldsymbol{G}_x$ 接近于 0, $\boldsymbol{G}_z$ 接近于 1,故实际得到的真实值与理想真实值较为接近,且代入多个数据后得到的结果都接近于相应的理想真实值,因此可以就此判断出该测量方法是准确且可用的.

3. 图像对比

使用 MATLAB 对所有 X、Z 轴方向分量的数据做出处理分析,可分别得到在 X 轴方向和在 Z 轴方向的残差图,如图 8-5 所示.

(1) 相比于水平方向(X 轴)而言,垂直方向(Z 轴)上的点位更加容易引起偏差.

(2) 同为水平方向(X 轴)上的点,双通道加速度计在水平方向上较单通道加速度计而言更易引起误差.

找到这些规律将有助于问题的进一步优化与改善.

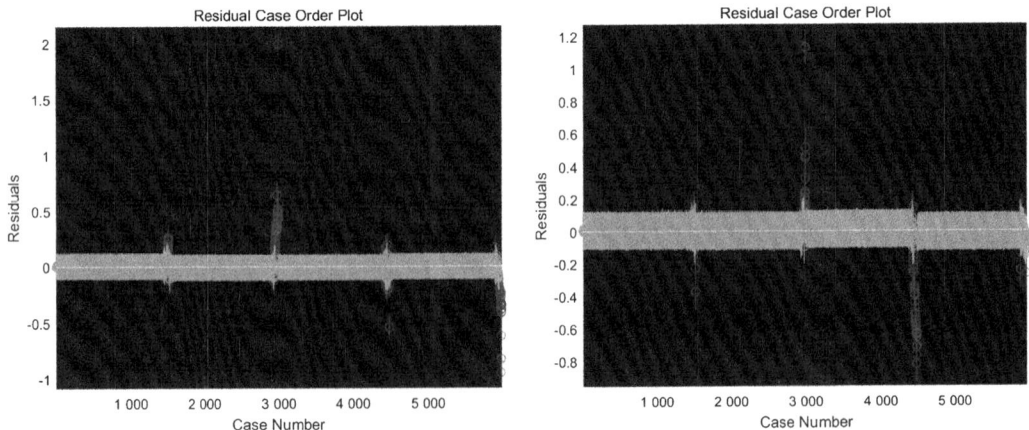

图 8-5 任务 2.0 的 X 轴和 Z 轴方向的残差

（三）任务版本 3.0

1. 模型建立

在第二个任务所建立模型(8.5)的基础上,我们将二维空间进一步拓宽为三维空间,并建立了如下的拓展模型:

$$\begin{cases} \boldsymbol{A}_x = \boldsymbol{O}_x + \boldsymbol{S}_{xx}\boldsymbol{G}_x + \boldsymbol{S}_{xy}\boldsymbol{G}_y + \boldsymbol{S}_{xz}\boldsymbol{G}_z \\ \boldsymbol{A}_y = \boldsymbol{O}_y + \boldsymbol{S}_{yx}\boldsymbol{G}_x + \boldsymbol{S}_{yy}\boldsymbol{G}_y + \boldsymbol{S}_{yz}\boldsymbol{G}_z \\ \boldsymbol{A}_z = \boldsymbol{O}_z + \boldsymbol{S}_{zx}\boldsymbol{G}_x + \boldsymbol{S}_{zy}\boldsymbol{G}_y + \boldsymbol{S}_{zz}\boldsymbol{G}_z \end{cases}, \tag{8.10}$$

其化为矩阵的形式可以得到:

$$\begin{bmatrix} \boldsymbol{A}_x \\ \boldsymbol{A}_y \\ \boldsymbol{A}_z \end{bmatrix} = \begin{bmatrix} \boldsymbol{O}_x \\ \boldsymbol{O}_y \\ \boldsymbol{O}_z \end{bmatrix} + \begin{bmatrix} \boldsymbol{S}_{xx} & \boldsymbol{S}_{xy} & \boldsymbol{S}_{xz} \\ \boldsymbol{S}_{yx} & \boldsymbol{S}_{yy} & \boldsymbol{S}_{yz} \\ \boldsymbol{S}_{zx} & \boldsymbol{S}_{zy} & \boldsymbol{S}_{zz} \end{bmatrix} \begin{bmatrix} \boldsymbol{G}_x \\ \boldsymbol{G}_y \\ \boldsymbol{G}_z \end{bmatrix}, \tag{8.11}$$

同理,逆问题解答所应用的矩阵为

$$\begin{bmatrix} \boldsymbol{G}_x \\ \boldsymbol{G}_y \\ \boldsymbol{G}_z \end{bmatrix} = \begin{bmatrix} \boldsymbol{S}_{xx} & \boldsymbol{S}_{xy} & \boldsymbol{S}_{xz} \\ \boldsymbol{S}_{yx} & \boldsymbol{S}_{yy} & \boldsymbol{S}_{yz} \\ \boldsymbol{S}_{zx} & \boldsymbol{S}_{zy} & \boldsymbol{S}_{zz} \end{bmatrix}^{-1} \left\{ \begin{bmatrix} \boldsymbol{A}_x \\ \boldsymbol{A}_y \\ \boldsymbol{A}_z \end{bmatrix} - \begin{bmatrix} \boldsymbol{O}_x \\ \boldsymbol{O}_y \\ \boldsymbol{O}_z \end{bmatrix} \right\}. \tag{8.12}$$

由于测量数据是在 20 个位置反复测量所得到的,故我们引入以下公式来确定每一个数据点(共 30 833 个数据)所对应的真实理想点的坐标的值:

$$d = \sqrt{(\boldsymbol{A}_x - \boldsymbol{G}_x)^2 + (\boldsymbol{A}_y - \boldsymbol{G}_y)^2 + (\boldsymbol{A}_z - \boldsymbol{G}_z)^2}. \tag{8.13}$$

公式原理:利用点与点之间的最小距离来找到实测数据所对应的真实理想数据的位置.

2. 模型求解

同理,分别对 X 轴,Y 轴,Z 轴数据进行线性回归运算.利用 MATLAB 代入所有数据可以求出:

$$\begin{cases} \boldsymbol{O}_x = 0.012\,8, \\ \boldsymbol{O}_y = 0, \\ \boldsymbol{O}_z = -0.074\,6, \end{cases}$$

$$\begin{bmatrix} \boldsymbol{S}_{xx} & \boldsymbol{S}_{xy} & \boldsymbol{S}_{xz} \\ \boldsymbol{S}_{yx} & \boldsymbol{S}_{yy} & \boldsymbol{S}_{yz} \\ \boldsymbol{S}_{zx} & \boldsymbol{S}_{zy} & \boldsymbol{S}_{zz} \end{bmatrix} = \begin{bmatrix} 0.997\,3 & -0.025\,1 & 0.046 \\ 0.026\,7 & 0.996\,9 & -0.113\,2 \\ -0.044\,4 & 0.118\,6 & 0.999\,3 \end{bmatrix}.$$

所以结合数据可知最终的计算模型为

$$\begin{bmatrix} \boldsymbol{A}_x \\ \boldsymbol{A}_y \\ \boldsymbol{A}_z \end{bmatrix} = \begin{bmatrix} 0.012\,8 \\ 0 \\ -0.074\,6 \end{bmatrix} + \begin{bmatrix} 0.997\,3 & -0.025\,1 & 0.046 \\ 0.026\,7 & 0.996\,9 & -0.113\,2 \\ -0.044\,4 & 0.118\,6 & 0.999\,3 \end{bmatrix} \begin{bmatrix} \boldsymbol{G}_x \\ \boldsymbol{G}_y \\ \boldsymbol{G}_z \end{bmatrix}. \tag{8.14}$$

同理,将所得数据代入逆问题的计算模型(8.12)中可得:

$$
\begin{bmatrix} \boldsymbol{G}_x \\ \boldsymbol{G}_y \\ \boldsymbol{G}_z \end{bmatrix} = \begin{bmatrix} \boldsymbol{S}_{xx} & \boldsymbol{S}_{xy} & \boldsymbol{S}_{xz} \\ \boldsymbol{S}_{yx} & \boldsymbol{S}_{yy} & \boldsymbol{S}_{yz} \\ \boldsymbol{S}_{zx} & \boldsymbol{S}_{zy} & \boldsymbol{S}_{zz} \end{bmatrix}^{-1} \left\{ \begin{bmatrix} \boldsymbol{A}_x \\ \boldsymbol{A}_y \\ \boldsymbol{A}_z \end{bmatrix} - \begin{bmatrix} \boldsymbol{O}_x \\ \boldsymbol{O}_y \\ \boldsymbol{O}_z \end{bmatrix} \right\}
$$

$$
= \begin{bmatrix} 0.997\ 3 & -0.025\ 1 & 0.046 \\ 0.026\ 7 & 0.996\ 9 & 0.113\ 2 \\ -0.044\ 4 & 0.118\ 6 & 0.999\ 3 \end{bmatrix}^{-1} \left\{ \begin{bmatrix} \boldsymbol{A}_x \\ \boldsymbol{A}_y \\ \boldsymbol{A}_z \end{bmatrix} - \begin{bmatrix} 0.012\ 8 \\ 0 \\ -0.074\ 6 \end{bmatrix} \right\}
$$

$$
= \begin{bmatrix} 1.000\ 0 & 0.030\ 3 & -0.042\ 6 \\ -0.021\ 4 & 0.989\ 1 & 0.113\ 0 \\ 0.047\ 0 & -0.116\ 0 & 0.985\ 4 \end{bmatrix} \left\{ \begin{bmatrix} \boldsymbol{A}_x \\ \boldsymbol{A}_y \\ \boldsymbol{A}_z \end{bmatrix} - \begin{bmatrix} 0.012\ 8 \\ 0 \\ -0.074\ 6 \end{bmatrix} \right\} \tag{8.15}
$$

证明有关逆问题所用数据可用矩阵式(8.15)较准确地得到,尝试代入表格 3C_f_eng 的数据以判断逆问题模型矩阵式(8.15)是否精确.

如:带入该表格第 256 行的数据可求出:

$$
\begin{bmatrix} \boldsymbol{G}_x \\ \boldsymbol{G}_y \\ \boldsymbol{G}_z \end{bmatrix} = \begin{bmatrix} 8.426\ 7 \times 10^{-3} \\ -5.348\ 9 \times 10^{-3} \\ 0.990\ 4 \end{bmatrix}. \tag{8.16}
$$

故由计算结果(8.16)可知此时 $\boldsymbol{G}_x$、$\boldsymbol{G}_y$ 已经很接近于 0,而 $\boldsymbol{G}_z$ 很接近于 1,运用(8.13)来验证可得此时 $\boldsymbol{G}_x$、$\boldsymbol{G}_y$、$\boldsymbol{G}_z$ 的理想真实值分别为 0、0、1,故可得该模型成立且模型精度还是比较高的.

六、模型推广与评价
略.

七、参考文献
［1］胡蝶.MEMS 加速度计校正系统研究[D].武汉:武汉理工大学,2011.

［2］胡良平.应用数理统计[M].北京:电子工业出版社,2015.

［3］胡良平.分位数模型回归分析[J].四川精神卫生,2018(4):296 - 301.

［4］常象宇,徐宗本,张海,等.稳健 L_q(0＜q＜1)正则化理论:解的渐近分布与变量选择一致性[J].中国科学:数学,2010(10):985 - 998.

参考文献

［1］刘法贵.数学实践与建模［M］.北京：科学出版社,2018.

［2］姜启源.数学模型(第三版)［M］.北京：高等教育出版社,2003.

［3］刘常丽.问题解决的数学建模方法［M］.北京：中国水利水电出版社,2017.

［4］许建强,李俊玲.数学建模及其应用［M］.上海：上海交通大学出版社,2018.

［5］赵静,但琦.数学建模与数学实验［M］.北京：高等教育出版社,2001.

［6］上海市中学生数学知识应用竞赛组织委员会.中学数学建模与赛题集锦(第二版)［M］.上海：复旦大学出版社,2017.

［7］上海市中小学(幼儿园)课程改革委员会.数学建模与算法实现［M］.上海：华东师范大学出版社,2005.

［8］李志林,欧宜贵.数学建模及典型案例分析［M］.北京：化学工业出版社,2007.

［9］王正林,龚纯,何倩.精通 MATLAB 科学计算(第 2 版)［M］.北京：电子工业出版社,2009.

［10］谢金星,薛毅.优化建模与 LINDO/LINGO 软件［M］.北京：清华大学出版社,2005.

［11］袁新生,邵大宏,郁时炼.LINGO 和 EXCEL 在数学建模中的应用［M］.北京：科学出版社,2007.

［12］韩中庚.数学建模方法及其应用［M］.北京：高等教育出版社,2005.

［13］王岩,隋思莲,王爱青.数理统计与 MATLAB 工程数据分析［M］.北京：清华大学出版社,2007.

［14］刘峰.数学建模［M］.南京：南京大学出版社,2005.

［15］汪冬华.多元统计分析与 SPSS 应用［M］.上海：华东理工大学出版社,2010.

［16］乐经良.数学实验［M］.北京：高等教育出版社,1999.

［17］上海市中学生数学知识应用竞赛组织委员会.高中应用数学选讲(第二版)［M］.上海：复旦大学出版社,2015.

［18］袁震东,洪渊,林武忠,等.数学建模［M］.上海：华东师范大学出版社,1997.

［19］沈世云.数学建模理论与方法［M］.北京：清华大学出版社,2016.

［20］王庚,王敏生.现代数学建模方法［M］.北京：科学出版社,2008.

［21］黄忠裕.初等数学模型［M］.北京：科学出版社,2013.

［22］王建军,许建强.线性代数及其应用(第四版)[M].上海：上海交通大学出版社,2019.

［23］姜启源.数学模型(第4版)[M].北京：高等教育出版社,2011.

［24］上海市统计局.上海统计年鉴[M].北京：中国统计出版社,2017.

［25］吕俊兴,徐天琛,王辉,等.新二胎政策下基于Leslie矩阵数学模型的山东省人口预测[J],青岛大学学报(自然科学版),2017,30(1)：14-20.

［26］蒋涛,秦奋坚,李题印,等.我国充电桩大规模应用面临的问题及对策研究[J].东北电力技术,2017,38(3)：16-20.

［27］王艳华,缪金.充电桩发展现状及问题对策研究[J].中国市场,2016(41)：45.

［28］朱文俊,王毅,罗敏,等.面向海量用户用电特性感知的分布式聚类算法[J].电力系统自动化,2016,40(12)：21-27.

［29］常方宇,黄梅,张维戈.分时充电价格下电动汽车有序充电引导策略[J].电网技术,2016,40(9)：2609-2615.

［30］冯亮.电动汽车充电站规划研究[D].天津：天津大学,2013.

［31］PATEL D, ZHAO G, PIETIKAINEN M. Spatiotemporal integration of optical flow vectors for micro-expressionn detection [M]. Advanced Concepts for Intelligent Vision Systems, 2015：369-380.

［32］王少华,郭令芬,赵力颖.基于模糊层次分析法的吉林省临江市地质灾害危险性评价[J].黑龙江工程学院学报,2018(4)：16-20.

［33］COAN J A, ALLEN J J B. Handbook of emotion elicitation and assessment [M]. Oxford University Press, 2007：398-400.

［34］KAZEMI V, SULLIVAN J. One millisecond face alignment with an ensemble of regression Trees[C]. IEEE Conference on Computer Vision and Pattern Recognition. IEEE, 2014：1867-1874.